中华优秀传统文化

第五卷

主　编　傅维利
副主编　杨宏丽
编　者　侯新磊　段进生　李　春　钟令彩
　　　　董延强　田雪莲　王　虹　王　建　张建华
　　　　朱玉君　刘志刚　孟　伟　段进生　王　醒
　　　　胡晓明　相　龙　刘　芸　杨玉华
　　　　　　　　刘益令

辽宁师范大学出版社
·大连·

ⓒ 傅维利　2016

图书在版编目(CIP)数据

中华优秀传统文化. 第五卷 / 傅维利主编. —大连：辽宁师范大学出版社，2016.8(2021.5重印)
ISBN 978-7-5652-2058-6

Ⅰ.①中… Ⅱ.①傅… Ⅲ.①中华文化—通俗读物
Ⅳ.①K203-49

中国版本图书馆CIP数据核字(2016)第207928号

ZHONGHUA YOUXIU CHUANTONG WENHUA

中华优秀传统文化　第五卷

出版人：	王　星
责任编辑：	陈连娜　李荷君
责任校对：	阎莉颖　王闻璐
装帧设计：	李小曼
出版者：	辽宁师范大学出版社
地　　址：	大连市黄河路850号
网　　址：	http://www.lnnup.net
	http://www.press.lnnu.edu.cn
邮　　编：	116029
营销电话：	(0411)82159126　82159915　82159912(教材)
印　刷　者：	大连金华光彩色印刷有限公司
发　行　者：	辽宁师范大学出版社
幅面尺寸：	185mm×260mm
印　　张：	15
字　　数：	280千字
出版时间：	2016年9月第1版
印刷时间：	2021年5月第3次印刷
书　　号：	ISBN 978-7-5652-2058-6
定　　价：	37.50元

编写说明

中华优秀传统文化具有海纳百川、地承万物的气魄,因兼收并蓄而博大精深,因求同存异而源远流长,因历史悠久而底蕴深厚,并形成中华民族特有的信仰追求、价值取向、高尚品质、文明准则、思维方式和生活方式。

传承和弘扬中华优秀传统文化,是我们党和国家长期以来非常重视的一项工作。特别是党的十八大以来,习近平总书记发表一系列重要讲话指出,中华优秀传统文化是中华民族的精神命脉,是涵养社会主义核心价值观的重要源泉,也是我们在世界文化激荡中站稳脚跟的坚实根基。

图书是文化传播重要的载体,优秀传统文化图书是建设优秀传统文化传承体系的重要组成。丛书的编写旨在贯彻党和国家关于传承和弘扬中华优秀传统文化的指导精神,深入探寻社会主义核心价值观与中华优秀传统文化的契合点,使广大读者能全面系统地了解中华优秀传统文化的精华,从而把优秀的道德品质、高尚的家国情怀、积极的文化担当,凝聚成入世有为、自强不息、厚德载物、文质彬彬的君子品格。鉴于此,丛书的编写严格秉持以下原则:

一、丛书共分五卷,作为适合一般读者提高

文化素养的普及读物，重点突出普及性。编写时我们力求做到：内容上亲切可感、体例上脉络清晰，语言上简明晓畅、形式上图文并茂，丛书结构循序渐进、有机衔接、形成一体。

二、丛书立足中国"大文化"的宽阔视角，选取了中华历史浩瀚篇章中最能反映华夏文明精髓而又深具时代意义的各种内容，注重全面把握中华优秀传统文化的核心内涵，并做了科学分类。丛书内容涵盖了诸子百家、传统文学、棋琴书画、文明礼仪等诸多文化元素，充分考虑文化传播的系统性与整体性。

三、丛书在对中华优秀传统文化全面解读的同时，较好地把握了传统文化的内涵与外延。编写时始终围绕两条主线铺展，一条是明线，即中华优秀传统文化的丰富资源，把我国博大精深的优秀传统文化中具有普遍性和典型性的内容呈现给读者；一条是暗线，即在优秀传统文化内容的传播中提炼出社会主义核心价值观的内容。

总之，中华优秀传统文化是历史留给我们的巨大精神财富，不论过去还是现在，都有其永不褪色的时代价值。我们希望本丛书能为广大读者认识和学习中华优秀传统文化提供较为全面的参考与借鉴，能从阅读中感受中华优秀传统文化的博大内涵，从而具备良好的行为规范、高雅的审美情趣、质朴的道德操守、深邃的哲学思想。

编者

2016年9月

目录

一 文以载道
立言传大道 …………………… 3
唐宋八大家 …………………… 16
桐城一脉传 …………………… 26
民国大文人 …………………… 34

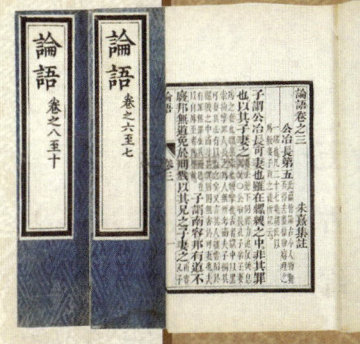

二 百年树人
官学制度 ……………………… 47
私学教育 ……………………… 57
千年科举 ……………………… 69
新式学堂 ……………………… 79

三 礼仪之邦
礼仪概说 ……………………… 95
古代政治礼仪 ………………… 106

四 乐舞戏剧

丝竹管弦 …………… 121

手舞足蹈 …………… 132

梨园春秋 …………… 144

五 衣冠风流

古朴的秦汉服饰 …………… 157

绚丽的盛世唐装 …………… 168

中西合璧的旗袍与中山装 ……… 184

六 饮食文化

烹茶品茗,修身养性 …………… 201

青梅煮酒,娱情助兴 …………… 211

八方美馔,地域风情 …………… 223

一 文以载道

我国是诗的国度,也是散文的国度。散文在古代泛指除诗歌以外的所有文学体裁,它有着悠久的历史,是传统文化的重要载体。"文以载道"作为散文写作的传统,历来为古人所推崇,并延续至今。从先秦诸子到两汉魏晋时期的文人,从"唐宋八大家"到桐城一脉,直至近代时贤,其散文写作莫不尊崇"文以载道"这一传统。

一 文以载道

立言传大道

> 我国古人有"立德""立功""立言"的"三不朽"之说。"立言"即指著文提出精要可传的言论,"立言"而能"不朽",足见古人对立言传道的重视。

诸子论道

论及先秦散文的立言传道传统,首推诸子散文。在理性精神觉醒、思想空前繁荣的春秋战国时期,"百家竞作,九流并起",诸子百家纷纷著文立言,传播自己的学说和主张。

孔子和孟子并称"孔孟",是儒家思想最主要的代表人物。孔子作为春秋时期伟大的思想家、教育家,他的立言传道思想和他对"文"的价值的重视,都充分地体现在记载他和弟子言行的语录体散文集《论语》之中。孔子认为,教化民众,促使个体向善求仁,首先要"兴于《诗》"(《论语·泰伯》),又说"不学《诗》,无以言"(《论语·季氏》),这些言论虽是针对《诗经》而说的,但从中也可看出孔子认为诗文对人的言谈、立身、行事具有非常重要的影响。他认为"弟子入则孝,出则悌,谨而信,泛爱众,而亲仁。行有余力,则以学文"(《论语·学而》),更是强调了"文"的价值。整部《论语》便是孔子以立言达到传道效果的典范。《论语·述而》中的"饭疏

孔子

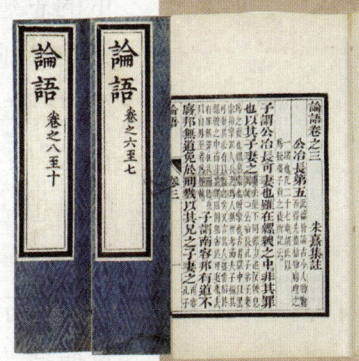

《论语》

食饮水,曲肱而枕之,乐亦在其中矣。不义而富且贵,于我如浮云",反映出孔子有志向和理想、重视道义胜过富贵的高尚精神。在《论语·卫灵公》中,孔子提出"己所不欲,勿施于人"的"忠恕"思想,认为人与人在交往时应做到以己之心度人之心,将心比心,推己及人,设身处地地为他人着想,这也正是他"仁爱"思想的一个具体体现。而诸如"人而无信,不知其可也"(《论语·为政》),"民无信不立"(《论语·颜渊》)等重视和呼唤诚信的高尚人格的语句,在《论语》中更是不一而足。

孟子是孔子学说的继承者和发扬者,他和弟子所著的《孟子》一书,提出了一套完整的仁政爱民的思想体系。孟子主张"性善",他说"恻隐之心,仁之端也"(《孟子·公孙丑上》),又说"恻隐之心,人皆有之"(《孟子·告子上》),认为善性是人类所独有的一种本性,也是区别人和动物的一个根本标志。所以"大人者,不失其赤子之心者也"(《孟子·离娄下》),即伟大的人,不偏离他纯洁、善良的心。以"性善论"为基础,孟子继承并发展了孔子的德治思想,将其发展为仁政学说。更为可贵的是,孟子提出了"民贵君轻"的思想,他说:"民为贵,社稷次之,君为轻。"(《孟子·尽心下》)这也是孟子仁政学说的核心,具有浓重的民本主义色彩,对中国后世的思想家有极大的影响。在《孟子·梁惠王上》中,孟子尖锐地指出:"庖有肥肉,厩有肥马,民有饥色,野有饿莩。此率兽而食人也!"揭露了当时的统治者"率兽而食人"的本质,表现出他提倡仁政爱民、反对虐政害民的思想。为了保证仁政爱民学说得以实施,他还提出"重义轻利""养心寡欲"的思想主张。整部《孟子》都体现着孟子的赤子之心和浩然之气,这也正是他著文立言所要传布的大道。

孟子

一 文以载道

文化链接

孟子见梁惠王

孟子见梁惠王。王曰："叟！不远千里而来，亦将有以利吾国乎？"孟子对曰："王！何必曰利？亦有仁义而已矣。王曰：'何以利吾国？'大夫曰：'何以利吾家？'士庶人曰：'何以利吾身？'上下交征利而国危矣。万乘之国，弑其君者，必千乘之家；千乘之国，弑其君者，必百乘之家。万取千焉，千取百焉，不为不多矣。苟为后义而先利，不夺不餍。未有仁而遗其亲者也，未有义而后其君者也。王亦曰仁义而已矣，何必曰利？"

——《孟子·梁惠王上》

老子和庄子是道家学派的代表人物，老子生活在春秋时期，被认为是道家学派的创始人，庄子活跃于战国时期，是道家思想的集大成者，二人合称"老庄"。老子的《道德经》（也称《老子》）用简练的语言承载了他所要传达的"道"。《道德经》开篇便说："道可道，非常道；名可名，非常名。"提出了"道"这个玄妙的概念，又说："道生一，一生二，二生三，三生万物。"全文五千言，都从这个概念出发，全面阐述了自己的思想。老子具有朴素的辩证思想，他说"有无相生，难易相成，长短相形"，又说"祸兮，福之所倚；福兮，祸之所伏"，表明了对立面双方的同一性和转化的可能。对于处世之道，老子认为"上善若水。水善利万物而不争，处众人之所恶，故几于道"。他认为人要学会像水一样随物就形，泽被万物而不争名利。对于当时的社会，老子也指出了"天之道，损有余而补不足；人之道则不然，损不足以奉有余"的不

赵孟頫书《道德经》（局部）

公平现象。他认识到"民之饥，以其上食税之多"，揭示了统治者对百姓的严酷剥削。一部《道德经》正是老子立言、行道、传教的生动写照。

庄子继承了老子的思想，但其立言方式非常特别，他擅用"三言"——"寓言""重言""卮言"，以"谬悠之说，荒唐之言，无端崖之辞"，借助形象、故事来寄寓他想要传达的道理。在《庄子》首篇《逍遥游》中，庄子通过大鹏与蜩、学鸠的对比，阐述了"小"与"大"的区别，继而指出，无论是飞不高的蜩与学鸠，还是能扶摇直上九万里的大鹏，甚至是御风而行的列子，都是"有所待"而不自由的，进而阐明"至人无己，神人无功，圣人无名"才是真正"逍遥"的境界。在《庄子·养生主》中，庄子借庖丁解牛的寓言来说明人应当顺时处事，要遵循世间万物的客观规律，不可以违逆自然法则行事，而"螳臂当车"的故事则讽刺了现实生活中那些不会正确估量自己的实力而又喜欢贸然行事的人。因为擅长以形象、充满诗意的寓言故事寄寓深刻丰富的思想情感，庄子成为诸子百家中最具浪漫色彩的哲人，鲁迅先生曾在《汉文学史纲要》中评价他的著作："汪洋辟阖，仪态万方，晚周诸子之作，莫能先也。"

庄子

文化链接

涸辙之鲋

庄周家贫，故往贷粟于监河侯。监河侯曰："诺。我将得邑金，将贷子三百金，可乎？"庄周忿然作色曰："周昨来，有中道而呼者。周顾视，车辙中有鲋鱼焉。周问之曰：'鲋鱼来！子何为者邪？'

一 文以载道

> 对曰:'我,东海之波臣也,君岂有斗升之水而活我哉?'周曰:'诺。我且南游吴越之王,激西江之水而迎子,可乎?'鲋鱼忿然作色曰:'吾失我常与,我无所处。吾得斗升之水然活耳,君乃言此,曾不如早索我于枯鱼之肆!'"
>
> ——《庄子·外物》

墨子生活于春秋末期战国初期,著有《墨子》一书,他创立的墨家学派与儒家并称"显学"。对于立言,墨子提出"三表法":"有本之者,有原之者,有用之者。"这是关于立言行事和判定言论是非的三条标准,具体为"上本之于古者圣王之事","下原察百姓耳目之实","废以为刑政,观其中国家百姓人民之利"。墨子认为,任何一种言论,包括形成文字的政策法规都必须付诸行动,必须有利于国家和百姓才是有意义的,否则就是空谈。所以墨子强调"立言行事""言必复行"。他是较早提出要以广大民众的观点、利益和实践效果作为立言准则的人。在这一点上,墨子超出了当时儒道诸家的有关论说,而在此后很长的时间里,也很少出现能达到这样高度的思想。也正因为注重实践意义,墨子立言不重修饰,崇尚质朴无文、通俗平易的文风,以防"人怀其文忘其直,以文害用",不能让文学作品达到真正的目的。总体上看,《墨子》一书中也有相当多的文学因素存在,体现出文质相统一的特征。

墨子

文化链接

子墨子怒耕柱子

子墨子怒耕柱子。耕柱子曰:"我毋俞于人乎?"子墨子曰:"我将上大(太)行,驾骥与羊,子将谁驱?"耕柱子曰:"将驱骥也。"子墨子曰:"何故驱骥也?"耕柱子曰:"骥足以责。"子墨子曰:"我亦以子为足以责。"

——《墨子·耕柱》

韩非

　　韩非是战国末期法家思想的代表人物,著有《韩非子》一书。其文构思精巧,气势逼人,语言幽默犀利,具有警策世人的作用和耐人寻味的特色。当时诸子学说众说纷纭、莫衷一是,韩非则快刀斩乱麻般地以"法"代之,林庚先生曾给予其"大刀阔斧,当机立断"的评价。《韩非子》一书,阐发了法、术、势相结合的法治理论,反对复古,主张"因时制宜",达到了先秦法家理论的最高峰。韩非立言时也善于借助寓言,如在"棘刺母猴"的故事中,叙述卫国的骗子抓住燕王喜爱细巧玩物的特点,哄骗燕王说他可以在酸枣树刺的尖上刻上母猴,以此得到高官厚禄,最后弥天大谎被铁匠识破。故事说明不管骗子如何花言巧语地施展骗术,面对头脑清醒的人,都将原形毕露。"滥竽充数"则借南郭先生的闹剧告诫人们弄虚作假的人虽能蒙混一时,却无法蒙混一世,凡事都要扎扎实实,不要不懂装懂。

一 文以载道

文化链接

宋人酤酒

宋人有酤酒者,升概甚平,遇客甚谨,为酒甚美,县(悬)帜甚高,然而不售,酒酸。怪其故,问其所知闾长者杨倩,倩曰:"汝狗猛耶?"曰:"狗猛。则酒何故而不售?"曰:"人畏焉。或令孺子怀钱挈壶瓮而往酤,而狗迓而龁之,此酒所以酸而不售也。"

——《韩非子·外储说右上》

两汉文心

两汉散文上承先秦,与战国散文共同构成了我国文学史的第一个高峰。在题材上,除《史记》《汉书》等历史散文之外,又有政论散文、抒情散文、学术散文等。历史散文因记录史实内容所以相对客观,而其他散文则仍继承了诸子散文立言传道的传统,并有进一步的发展。

政论散文以贾谊、晁错等人的文章为代表。贾谊所写的一系列政论,对秦汉之际的历史、政治、经济、军事、文化等诸方面问题都提出了尖锐而深刻的看法,为巩固西汉王朝的统治提出了一系列具体的建议。他的文章充满了对国家前途的忧患意识,表现出他作为政治家的气魄和历史家的睿智,而且他的文章充满热情、富于文采。其代表作《过秦论》就是一篇分析秦朝灭亡原因的文章,作品通过对历史事实的铺叙,展现了一幅幅波

贾太傅祠

澜壮阔的历史画卷，以强烈的反差对比指出了"仁义不施"则必然败亡的道理。另一篇作品《治安策》是因匈奴入侵而呈给文帝的奏疏，里面详尽地论述了国家所面临的各种危机以及应采取的对策。晁错的文章则多论述重农抑商、发展生产、削弱诸侯、抗击匈奴的主张。如其《论贵粟疏》阐明了农业生产的重要性，分析了当时大商人们兼并土地，致使农民破产流亡的现状及危害，并提出了具体建议。贾谊、晁错的政论散文，借所立之言，传达了忧国之"道"，鲁迅先生在《汉文学史纲要》中称二人的文章"皆为西汉鸿文，沾溉后人，其泽甚远"。

文化链接

贾生①
李商隐

宣室求贤访逐臣②，
贾生才调更无伦③。
可怜夜半虚前席④，
不问苍生问鬼神⑤。

贾生
王安石

一时谋议略施行，
谁道君王薄贾生？
爵位自高言尽废，
古来何啻万公卿。

【注释】①贾生：贾谊，西汉著名的政论家，力主改革弊政，提出许多重要政治主张，却遭谗被贬，一生抑郁不得志。 ②宣室：汉未央宫前殿的正室。逐臣：被贬之臣。贾谊被贬后，汉文帝曾将他召还，问事于宣室。 ③才调：才华气格。 ④可怜：可惜，可叹。⑤苍生：百姓。问鬼神：事见《史记·屈原贾生列传》，文帝接见贾谊，"问鬼神之本。贾生因具道所以然之状。至夜半，文帝前席"。

一 文以载道

汉代散文中具有强烈抒情色彩的作品，首推司马迁的《报任安书》。这是司马迁写给友人任安的一封信，是一篇浇铸着血和泪的至情之文。在文中，司马迁以悲愤的心情，诉说了自己因李陵之祸所经历的悲惨遭遇和蒙受的奇耻大辱，倾吐了内心郁积已久的痛苦与愤懑。信中委婉述说了他受刑后忍辱负重、隐忍苟活的一片苦衷，提出"人固有一死，或重于泰山，或轻于鸿毛"的生死观，同时表达了自己坚持完成《史记》的决心。他写道："盖文王拘而演《周易》；仲尼厄而作《春秋》；屈原放逐，乃赋《离骚》；左丘失明，厥有《国语》；孙子膑脚，《兵法》修列；不韦迁蜀，世传《吕览》；韩非囚秦，《说难》《孤愤》；《诗》三百篇，大抵圣贤发愤之所为作也。"他列举这些事例，意在阐明只有那些遭受了巨大的肉体或心灵创伤而能坚韧地活着，并且著文立言，写出不朽著作的人，才能真正名垂千古。这也正是他当时为实现理想而甘受凌辱，发愤著书的真实精神写照。

司马迁

比司马迁晚近百年的文学家扬雄，是学术散文的代表人物之一，他的文章也体现了立言传道的传统。他在《扬子法言·问神》中提出"言，心声也；书，心画也。声画形，君子小人见矣"，认为言语是心的声音，书辞是内心情感的真实流露。比先秦的"诗言志"、孟子的"知人论世"及《乐记》中的"凡音之起，由人心生也"等说法更加明确地强调了作者的精神情感对于作品的重要性。

两汉学术散文辐射面较广，文学、历史、政治、哲学、民情风俗无所不包，也寄寓着作者所要传达的"道"。其中最有影响的学术散文是王充的《论衡》，此书是古代思想史和散文史上的一部杰作，它对当时流行的迷信、虚妄、庸俗、僵化的思想观点和社会风气作了全面的批判，并且显示了不同于流俗的文风。此书订真伪,疾虚妄,批判天人感应之类的宗教神学和社会上的谶纬之学。在文学上则主张以"实诚"为根本,"实诚在胸臆,文墨著竹帛,外内表里,自相副称,意奋而笔纵,故文见而实露也"。要求语言朴素坦率,无所修饰,反对夸张的艺术,不注重文采,以通俗晓畅的论辩见长,并常用历史故事说明道理。刘熙载在《艺概·文概》中评道:"王充《论衡》,独抒己见,思力绝人。虽时有激而近僻者,然不掩其卓诣。"

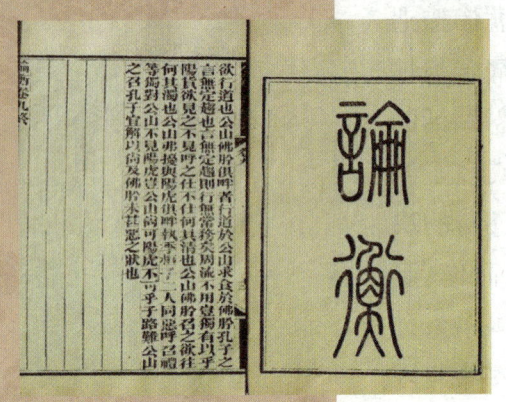

《论衡》

魏晋风骨

魏晋南北朝时期是一个社会大动荡的时期,也是一个人的主体精神和审美意识觉醒的时期。这一时期的散文继承了两汉散文立言传道的特点,又有新的发展,在表达社会政治见解的同时,个人抒情色彩也越来越浓厚,文章的价值和意义得到更加突出的重视。曹丕在其《典论·论文》中说"盖文章,经国之大业,不朽之盛事",将文章的价值和地位推崇到前所未有的高度。他在《营寿陵诏》中反对厚葬,认为尸体骨肉终究是要腐朽的,对肉体的死亡表现得很通达,这与其文章"不朽"的观点是相契合的。面对"建安七子"一一去世的情形,他在《与吴质书》中说:"昔年疾疫,亲故多离其灾,徐、陈、应、刘,一时俱逝,痛可言邪?"沉痛之情何其真诚。在那个生死难测、祸福无常的时代,文士们借文学表达忧患意识,抒发个人情怀,这成为文人彰显生命价值的方式。

曹丕的弟弟曹植,其文学造诣犹在曹丕之上。他早

一 文以载道

年的诗文踌躇满志,抒发的是"戮力上国,流惠下民,建永世之业,流金石之功"(《与杨德祖书》)的豪情壮志。他在《薤露行》中说:"愿得展功勤,输力于明君。怀此王佐才,慷慨独不群。"后期因为政治上失意,曹植的文章更多地表现了壮志不得施展的愤激不平之情。在其名篇《洛神赋》中,作者描摹了一位美丽多情的女神形象,寄托自己对美好理想的倾心仰慕和热爱;又虚构了向洛神求爱的故事,象征自己对美好理想梦寐不忘的热烈追求;最后通过恋爱失败的描写,表现自己对理想的追求归于破灭的境况。

曹氏之后,陆机的《文赋》横空出世,首次把文学创作过程、方法、修辞技巧等问题引入文学批评,对文学理论的发展做出了巨大贡献,是代表文学走向自觉的一篇标志性作品。魏晋南北朝之前没有所谓纯文学的说法,文学形式的价值、审美观念等艺术特征并不被重视。在《文赋》里,陆机认为言辞并非只是单纯地传达意义的工具,而是"情瞳昽而弥鲜,物昭晰而互进。倾群言之沥液,漱六艺之芳润"这样互相影响的。形式是建构在内容基础上的,除了美之外,内容也必须要真实,也就是要投入真情实感。因此他说"诗缘情而绮靡",情感是创作的基本要素,有了情感,才有更充实的内容。同时言与情要相呼应,情溢于言或者词不达意都不可取。

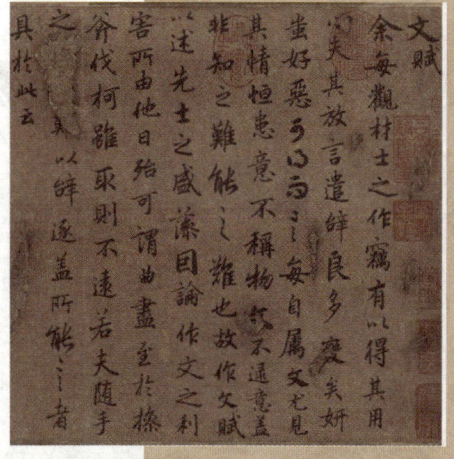

陆柬之书《文赋》(局部)

魏晋时期的散文家如阮籍、嵇康等都有意识地以文学创作来表达自己内心的情感与思想,其作品所承载的"道"充满着浓重的个人抒情色彩。阮籍的《大人先生传》,托名大人先生,阐发其"胸怀丰趣",抨击君主专制,认为君主制是社会出现祸乱的根源,"君立而虐兴，臣设而贼生"，斥责礼法为"天下残贼、乱危、死亡之术"，讽刺礼法之士是寄生在裤中的虱子，将一腔郁愤喷吐而出。嵇康的名文《与山巨源绝交书》，是写给投靠了司马氏的朋友山涛的绝交信，是嵇康一份全面的自我表白，既写出了他"越名教而任自然"、放纵性情、不受拘羁的生活方式，又表现出他傲岸、倔强的个性。文中有抨击当时黑暗、险恶的政治氛围的愤激之词，也有表明自己生活旨趣和精神追求的疏狂之语。这篇散文感情充沛，言辞激烈，是魏晋文坛上一篇现实性很强的文章。

文化链接

嵇康锻铁

嵇康自幼孤贫，但勤奋好学，学识渊博，才华横溢。嵇康娶魏宗室女为妻，在曹魏朝廷做官。不久曹魏被司马氏取代，他拒不做晋官。他的朋友山涛为晋吏部尚书，曾举荐嵇康任尚书吏部郎，但嵇康坚辞不就，并写信与山涛断交。

嵇康身为曹魏姻亲，更易受到司马氏的迫害，所以他有着更为强烈的避世意识，只好以另一种方式来排遣苦闷之情。

嵇康心灵手巧，善锻铁。他家门前有一棵大柳树，他引来清泉环绕柳树，在下面架好风箱，搭好炉灶，整日锻铁。家里虽然清贫，但从不收人钱。只有亲朋故旧带来鸡酒时，方把杯弄盏，谈天说玄。

当时的贵公子钟会，喜欢辩论，带着一班人造访嵇康，但嵇康只管锻铁，并不理会他，这让钟会很是尴尬。后来钟会声势显赫，成为权贵，终于找机会诬陷了嵇康。临刑前，嵇康面不改色，泰然自若，弹了一曲《广陵散》，然后从容受戮。

一 文以载道

大书法家王羲之的千古名作《兰亭集序》通过记叙兰亭修禊的盛况抒发了人生无常、欢乐有尽的感慨。陶渊明作《五柳先生传》自况，借五柳先生"颇示己志"，又在《桃花源记》中表达了自己对上古社会淳朴风尚的向往之情，以及对世风日下的黑暗现实的针砭与嘲讽。李密的《陈情表》是请求晋武帝允许他辞官以终养祖母的奏章，写得婉转凄恻，感人至深，实则是不愿做晋朝的官。

到南北朝时期，著名的文学理论家刘勰写出了一部系统的文学理论专著《文心雕龙》，此书成为中国文学理论批评史上第一部有严密体系的、"体大而虑周"（章学诚《文史通义·诗话》）的文学理论专著。在书中，刘勰从"文"与"道"的关系入手，探讨了"文"的本质。他认为"人文"的文章，与天之文、地之文在本质上是一致的，它们共同体现了"道"。儒家的圣人能够准确地理解和把握至高无上的"道"，并通过语言文字的形式将其表现出来，"六经"便是"道"的体现。在《风骨》篇中，刘勰提出了"风骨"的概念。"风骨"与"风格"有密切的关系。在刘勰看来，"风"指的是与作家的禀赋、气质、情感相联系并在作品中表达出鲜明而有生气、富于感染性的内容；"骨"指与文意相称、精练而有条理、挺拔刚健、端正劲直的语言形式，二者相辅相成。他还认为文学情感的激发源于自然景物的变化，这种"感物而动"的思想与陆机所谓"悲落叶于劲秋，喜柔条于芳春"是一致的。刘勰对文学创作与客观外物的关系，文学构思中的艺术想象，文学作品的内容、形式、体裁、风格，作家修养，文学的表达方法，文学欣赏和批评等许多重大理论问题的论述和阐发，对后世的文学创作和文学研究都产生了广泛而长久的影响。

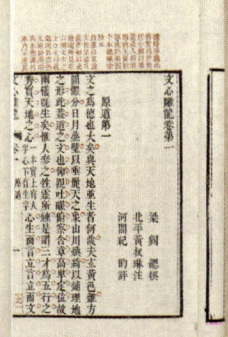

《文心雕龙》

唐宋八大家

文以载道的写作传统到了唐代得以明确提出，韩愈、柳宗元倡导"古文运动"，大张旗鼓地强调了"道"对于"文"的重要性，而宋代欧阳修、苏洵、苏轼、苏辙、王安石、曾巩更是紧随其后对其加以发扬，这八人被称为"唐宋八大家"。

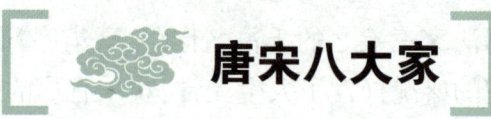

唐代古文复兴运动

"唐宋八大家"中，唐代的文人占有两席，为韩愈和柳宗元，二人并称为"韩柳"，他们同为唐代古文运动的倡导者和践行者。

所谓"古文"，是指先秦两汉所盛行的以散行单句为主，比较质朴自然的散文，尤以先秦诸子的散文为典范。魏晋六朝以后，散文创作日趋式微，代之以句式整齐、辞藻华丽、讲求声律排偶的骈文。骈文作为颇具形式美感的文体，最初曾丰富了文学表现形式，给文学创作带来了有益的影响。可是骈文发展到后来，一味追求骈俪、声律和辞藻，忽略了内容本身，滑向浮艳靡丽、华而不实、僵化空虚的形式主义深渊。古文运动就是针对骈文的流弊而兴起的文体改革。

文以明道

韩愈是唐代古文运动的发起者，他首先提出了"古文"的概念，倡导学习古文，提出"文以明道"的口号。他

韩愈

一 文以载道

在《争臣论》一文中说:"君子居其位,则思死其官;未得位,则思修其辞以明其道。我将以明道也,非以为直而加人也。"在《答李秀才书》中说:"愈之所志于古者,不惟其辞之好,好其道焉耳。"强调"道"是"文"的内核和基础,而"文"是"道"的载体。对于"道"和"文"如何相互为用、相得益彰,韩愈在《答李翊书》中说:"将蕲至于古之立言者,则无望其速成,无诱于势利,养其根而俟其实,加其膏而希其光。根之茂者其实遂,膏之沃者其光晔,仁义之人,其言蔼如也。"强调不要被狭隘的功利所驱遣,应该学习儒家之道,加强道德、学问的修养,成为仁义之人,这样的人写出的文章自然就会美好。

不平则鸣

韩愈本人的散文创作,也很好地践行了他的古文运动理论。《旧唐书·韩愈传》中称赞他的古文"经诰之指归,迁、雄之气格",即说韩愈的文章以儒家之道为宗旨,又有司马迁、扬雄的气势格调。宋代苏轼称赞他的古文"文起八代之衰,而道济天下之溺",这是非常高的评价。韩愈的散文风格总体上说具有气势磅礴、奔放自由、感情充沛的特点,且常常说理、叙事、抒情相交融,语言上"词必己出""惟陈言之务去",追求创造,推陈出新。

韩文公祠

韩愈在《送孟东野序》中提出了著名的"不平则鸣"的观点:"大凡物不得其平则鸣,草木之无声,风挠之鸣;水之无声,风荡之鸣。"他认为外部环境对作家内心的震动是创作的重要动因。其《马说》便是抒发不平之鸣的名篇,《马说》托物寓意,借伯乐和千里马的传说,抨击了当时社会上埋没人才，甚至于摧残人才的现象，抒发了怀才不遇的愤懑之情，更期待和呼唤知人善任的圣明君主的出现。《师说》则对当时社会上耻于从师的不良风气进行了批判，阐述了老师的作用、从师的必要性和择师的原则，独抒己见，体现出超绝世俗的非凡勇气，推动了乐于从师、勤于学习的社会风尚。他的《祭十二郎文》不落祭文的写作窠臼，通过记叙家常琐事，抒写难以抑制的悲恸，表达了刻骨铭心的骨肉亲情，成为祭文中的千古绝唱。

辅时及物

柳宗元作为唐代古文运动的又一先驱，也非常重视"道"对于"文"的意义，他在《报崔黯秀才论为文书》中说："圣人之言，期以明道，学者务求诸道而遗其辞。辞之传于世者，必由于书。道假辞而明，辞假书而传，要之，之道而已耳。"说明写文章的目的是"明道"，读文章的目的是"之道"，文辞只是传达"道"的手段。更为重要的是，他还指出文章有"辅时及物"的作用，能够针砭现实，经世致用。

柳宗元

柳宗元的散文体裁丰富，议论文、传记、寓言、游记都有佳作。他的议论文《封建论》，针对当时朝野上下关于采取周朝分封制还是采取秦代郡县制的争议，明确提出郡县制优于分封制的观点，思想认识超拔深邃，论证严密，气势充沛，给人以一泻千里势不可挡之感。苏轼高度评价该文说："宗元之论出，而诸子之论废矣。虽圣人复起，不能易也。"柳宗元的《捕蛇者说》讲述了被残酷压榨的捕蛇人蒋氏一家的悲惨生活：蒋氏祖孙三代饱受毒蛇之害，但因捕蛇可以抵偿租税，他们仍然甘冒生命危险去捕蛇而不愿改换职业，文章借此揭露和

一 文以载道

批判了封建社会中百姓所遭受的沉重剥削。《种树郭橐驼传》则借郭橐驼养树"能顺木之天,以致其性"的道理,讽刺了统治者政令烦苛对百姓所造成的无穷干扰。

柳宗元的山水游记清新隽永、脍炙人口,他也因此被称为"游记之祖"。其代表作是"永州八记"。他的游记并非单纯的景物描摹,而是在景物中托意寄情,抒写胸中种种不平,使得山水也带有了人情。如其《钴鉧潭记》,把写景和抒情融为一体,既描绘了钴鉧潭的位置、形态、声音及周围的景物等,也反映了"官租私券"对百姓的剥削,以及作者在贬谪生活中思念故土的苦闷心情。另一篇《小石潭记》寂静清幽,情景交融,也是一篇不可多得的佳作,文章对潭中游鱼的刻画虽只有寥寥几笔,却形象地描绘出潭水的空明澄澈,勾勒出游鱼的形神姿态,各尽其妙,生动传神,意境深远。作者以小石潭幽美静穆的环境景物,寄托了自己被贬官后的失意寂寥之情。

文化链接

临江之麋

临江之人,畋得麋麑,畜之。入门,群犬垂涎,扬尾皆来。其人怒,怛之。自是日抱就犬,习示之,使勿动,稍使与之戏。积久,犬皆如人意。麋麑稍大,忘己之麋也,以为犬良我友,抵触偃仆,益狎。犬畏主人,与之俯仰甚善,然时啖其舌。

三年,麋出门,见外犬在道甚众,走欲与为戏。外犬见而喜且怒,共杀食之,狼藉道上。麋至死不悟。

——柳宗元《三戒》

宋代古文革新运动

古文运动发展到晚唐渐趋式微，出现了讲究雕章琢句的不良文风。到五代时期，有一批人专事写作，追求辞藻和讲求华美的四六骈文，靡丽浮艳的风气又在文坛上盛行起来。宋初时出现了杨亿所提倡的用骈文写作的西昆体，并盛极一时。针对这种不良文风，以欧阳修为代表的一些文人，极力推崇唐代的韩、柳，又掀起一场古文革新运动，使散文走上了平易畅达、反映现实生活而又注重艺术性的道路。

容与闲易

欧阳修

欧阳修是宋代古文革新运动的领军人物，被苏轼评价为"今之韩愈也"。欧阳修主张用平易、畅达、实用的散文扭转五代以来柔靡浮艳的文风，扩大了古文的影响。苏洵父子、王安石、曾巩等人积极响应，使宋代古文革新运动得到了深入发展。欧阳修在《答吴充秀才书》里说"大抵道胜者，文不难而自至"，又在《与张秀才第二书》中说"君子之于学也，务为道"。可见他认为文章的根本问题还是在于"道"，并且要亲身加以实践，只在写作技巧上用力是不行的。他在执掌贡举考试时，规定考生一律要使用平易的散文，空洞浮靡的文章坚决不予录取。这对于改变当时的文风起到了实质性的作用。同时，他也认为文章因每个人的个性不同而不同，写文章应该展现出自己的个性特点。

欧阳修的散文创作与其文学主张是一致的。苏洵在《上欧阳内翰书》里称赞他的散文"气尽语极，急言竭论，而容与闲易，无艰难劳苦之态"，道出了其文清顺平易、安闲自然的特点。欧阳修的《朋党论》作为一篇政论名作,是在范仲淹、富弼、韩琦等名臣试图挽回北宋颓局,推行庆历新政,却被污蔑为"朋党"的背景下向宋仁宗所呈的一封奏章。在文中,欧阳修指出有政治操守、有信仰的君子和朋比为奸的小人之间的区别,提出了"君子与君子以同道为朋,小人与小人以同利为朋"的著名论断,提醒君王要以历史为鉴,充分认识朋党关乎国家治乱兴亡的问题。整篇文章文笔犀利,史实确凿,具有充沛的气势。《新五代史·伶官传序》通过对五代时期后唐庄宗得天下、失天下的典型事例,得出"忧劳可以兴国,逸豫可以亡身"和"祸患常积于忽微,而智勇多困于所溺"的结论,阐述了国家盛衰主要取决于"人事"的道理,告诫统治者要防微杜渐、居安思危。《醉翁亭记》是欧阳修在庆历年间因支持范仲淹的政治改革而被贬为滁州太守时所写的文章。文章生动地描写了醉翁亭的优美环境和自然风光,并勾勒出一幅太守与民同乐的图画,抒发了作者的政治理想和娱情山水以排遣抑郁的复杂感情。文章将写景、叙事、抒情熔于一炉,被称为"句句是记山水,却句句是记亭,句句是记太守"。

文坛"三苏"

宋代文坛,苏洵、苏轼、苏辙父子三人都是文学大家,被称为"三苏",洵为老苏,轼为大苏,辙为小苏。"唐宋八大家"中,"三苏"父子占据了三个席位。清朝人张鹏翮为三苏祠撰写了一副对联:"一门父子三词客,千古文章四大家(韩愈、柳宗元、欧阳修、苏轼)。"可见人们对"三苏"的推崇。"三苏"在文学上的造诣,既同出一源又各有千秋,被称为"凝炼老泉(苏洵),豪放东坡(苏轼),冲雅颍滨(苏辙)"。

苏洵

苏轼

苏洵的散文以议论文和书翰为主，多议论朝政的得失，提出自己的建议以及抒写自己的心志。他的《六国论》提出六国的灭亡弊在赂秦，论点鲜明，论据有力，语言犀利，逻辑严密，具有雄辩的说服力。同时借古讽今，针对宋王朝妥协苟安的屈辱外交政策发出告诫："为国者无使为积威之所劫哉！"否则就连被秦国吞并的六国都比不上了。在《管仲论》中，苏洵认为管仲临死前只是告诫齐桓公不要亲近易牙、竖刁、开方三人，而没有向齐桓公举荐能代替自己的人才，导致了齐桓公最后死不得葬、国家大乱的局面，管仲对后来齐国的长期内乱和国势衰微是负有责任的。此文发出前人所未发的观点，很有说服力，使人耳目一新。

苏轼在"三苏"中文名最盛，并且他在文学艺术方面堪称全才，是雄视古今的大文豪、大艺术家。苏轼的散文汪洋恣肆、才气如海，古人有"韩（韩愈）潮苏海"之誉，他还与欧阳修并称"欧苏"；因其诗清新豪健，与黄庭坚并称"苏黄"；因其词豪放洒脱，与辛弃疾并称"苏辛"；因其书法丰腴跌宕、自创新意，与黄庭坚、米芾、蔡襄并称"宋四家"；其画作也颇可观。

苏轼的散文重视"以意为主"，反对"浮巧轻媚，丛错采绣"的骈文和"怪僻而不可读"之文。他重视在"意"的统摄下追求自由挥洒的艺术风格，他曾评价自己的文章："吾文如万斛泉涌，不择地而出，在平地滔滔汩汩，虽一日千里无难；及其与山石曲折，随物赋形而不可知也。所可知者，常行于所当行，常止于不可不止。"这番话道出了他对洒脱自然、姿态横生、如行云流水一般的艺术风格的追求。他的论说文往往立意新颖、出人意表，如《范增论》，不是泛泛地评价范增的功过得失，而是从他应该在什么时机离开项羽这一角度进行发

一 文以载道

掘，阐明谋臣应怎样"明去就之分"的道理。文章或引证古语，或运用比喻，或抒发感叹，写得波澜横生。苏轼在被贬到黄州后所写的《前赤壁赋》和《后赤壁赋》，一扫政治上遭受打击的失意，在写景记游之中寄托了自己旷达洒脱的情怀，阐发了对宇宙人生的哲学思考和领悟，成为两篇脍炙人口的旷世名文。他的《记承天寺夜游》，虽然篇幅短小，在写景抒情上却独擅胜场。作者在"解衣欲睡"之际，忽见"月色入户"，睡意全消，于是"欣然起行"，到承天寺寻张怀民，二人"步于中庭"，所见之景虽只用寥寥十八个字写出，然而那空明如积水的月色，如藻荇交横的竹柏之影，都描绘得生动感人。而赏月的欣喜、漫步的悠闲、贬谪的悲凉、人生的感慨、自我排遣失意情怀的旷达洒脱等复杂情感也深寄其中。

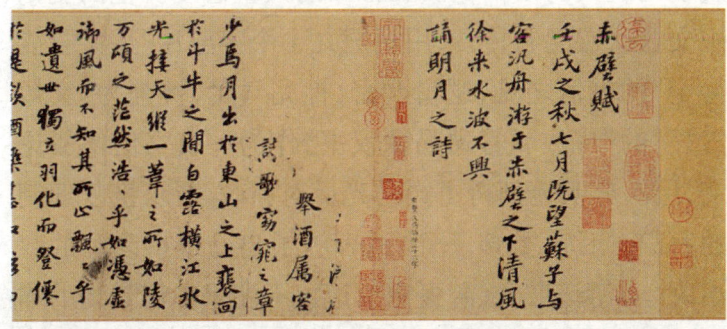

苏轼书《前赤壁赋》（局部）

苏辙的散文善于引史为鉴，行文简洁畅达，语言朴实淡雅。他的《黄州快哉亭记》，融写景、叙事、抒情、议论于一炉，由亭景而生情，借亭名而发论，结构严谨，条理清晰，委婉曲致，一波三折，充分体现了作者"汪洋澹泊""一唱三叹"的文章风格。他的《孟德传》，借"孟德"这个人物赞颂了其身上所具有的浩然之气，寄寓了自己的思想和情感，具有寓言的意味。

苏辙

有补于世

王安石

王安石作为北宋的一代名相,也是一位大文学家。他支持古文运动,反对空洞靡丽的文风,特别强调文学创作应该贴近现实,经世致用。他在《上人书》中说:"所谓文者,务为有补于世而已矣。所谓辞者,犹器之有刻镂绘画也。诚使巧且华,不必适用;诚使适用,亦不必巧且华。要之,以适用为本,以刻镂绘画为之容而已。"明确提出文学要"有补于世"、要"适用"的观点。

基于以上文学思想,王安石的散文大多针对现实问题进行深刻剖析,文章雄健简练,奇崛峭拔,结构严谨,立意非凡,具有宏伟的政治气魄和极强的说理力量,同时也表达了对百姓的同情和对国家前途的担忧,表现出远大的政治抱负和积极的人生态度。他的史论短文《读〈孟尝君传〉》,用短短九十个字驳斥"孟尝君能得士"的世俗之见,逻辑严密,神完气足,被誉为"文短气长"的典范。《答司马谏议书》作为一篇书信体驳论文,层次分明地剖析了司马光反对新政、要求恢复旧制的言辞,简练、委婉、坚决地表明了自己坚持改革的政治决心。游记散文《游褒禅山记》,不注重山川景物的描摹,而是借游山经历来说理,揭示出"夫夷以近,则游者众;险以远,则至者少。而世之奇伟、瑰怪、非常之观,常在于险远,而人之所罕至焉"的哲理,暗示只有那些不畏艰险、勇敢攀登的人,才有希望登上人生的巅峰,并表达了"深思而慎取之"的人生感悟。

文化链接

读《孟尝君传》

王安石

世皆称孟尝君能得士,士以故归之,而卒赖其力以脱于虎豹之秦。嗟乎!孟尝君特鸡鸣狗盗之雄耳,岂足以言得士?不然,擅齐之强,得一士焉,宜可以南面而制秦,尚何取鸡鸣狗盗之力哉?夫鸡鸣狗盗之出其门,此士之所以不至也。

曾巩的散文深受欧阳修的影响,平易朴素,蕴藉自然,说理透彻,平淡之中自有含蓄韵致。他的《墨池记》先借传说中王羲之洗砚的墨池遗迹赞美其书法的高妙境界,指出这种境界是"以精力自致者,非天成也",进而引申出为学修身要靠后天勤奋深造的普遍道理。文章虽然篇幅短小,却因小及大,小中见大,开掘宏远;笔调虽委婉平实,却层层推进,余韵悠长。

"唐宋八大家"在反对浮华靡丽文风,廓清"文"与"道"的关系,倡导古文运动方面一脉相承,凭借各自的古文理论和创作取得了古文运动的巨大成功,在我国文学史上留下了浓墨重彩的华章。

曾巩

桐城一脉传

散文发展至清代,桐城派崛起,因主张振兴古文,倡导"文道"统一,"义法"结合,"义理、考据、辞章"兼济,蔚然成为文坛大宗,主盟清代文坛二百余年,有"天下文章在桐城"的美誉。

振兴古文

归有光

戴名世

桐城派文学理论的形成在一定程度上受到明代散文大家归有光的影响。明朝永乐至成化年间,文坛上出现了一股萎弱、冗沓、空洞、僵化的"台阁体"文风,且流弊日深。归有光极力反对这种文风,主张在散文创作上学习韩愈、柳宗元,直接继承唐宋古文传统,是"唐宋派"散文的代表人物。他的散文在继承唐宋古文传统的基础上,把日常生活琐事引进古文创作中,使得文章情真意切,平易近人,生动可感。

受归有光的影响,清初文学家戴名世以"振兴古文"为使命,在散文创作上主张"言有物","道、法、辞三者兼备;精、气、神三者浑一"。他的文章以史论、史传、游记、序跋为主,真知灼见之中多有寄托和感慨,读来别有忧愤悲慨之气。他在《抚道论》中认为"群盗"是"假手于文武大吏",这种官吏正是"国家之大盗",观点很有见地。他的《邻女说》,写西邻女相貌丑陋却嫁得好,东邻女虽美却"无聘之者"。之所以出现这种现象是因为西邻女善于取悦世人,"随时为巧靡之涂妆";而东邻女洁身自好,不谄媚世俗,故终"无聘之者"。这篇文章讽刺了当时社会上黑白颠倒、奸人当道、埋没人才的丑恶现象。戴名世最著名的著作是《南山集》,却因其中录有南明桂王时史事,并多用南明年号,被罗织罪名诬成"清初三大文字狱"之一的《南山集》案,戴名世也因此罹难。

"义法"结合

方苞

方苞作为清初的一代文宗,与戴名世是挚友,曾因给《南山集》作序而受牵连下狱。方苞被称赞为"学行继程朱之后,文章介韩欧之间"。他继承归有光的"唐宋派"古文传统,倡导"道""文"统一,提出的著名的"义法"主张,成为桐城派的基本理论。方苞所说的"义"即"言有物",指文章要有内容;"法"即"言有序",指文章的作法要有条理、顺序和技巧等。所以"义"和"法",实际上就是内容和形式相结合的关系。在"义法"的基础上,对于文章的审美,他主张"雅洁",要求删繁就简,认为"古文中不可入语录中语,魏晋六朝人藻丽俳语,汉赋中板重字法,诗歌中隽语,南北史中俳巧语"(沈廷芳《书方望溪先生传后》)。

方苞最著名的散文是《左忠毅公逸事》,该文不仅"言有物",而且结构清晰,感情真挚,语言清顺通畅。文章开篇写道:"先君子尝言,乡先辈左忠毅公视学京畿。一日,风雪严寒,从数骑出,微行入古寺。庑下一生伏案卧,文方成草。公阅毕,即解貂覆生,为掩户。叩之寺僧,则史公可法也。"一个很小的细节却言之有物、生动可感,寥寥数句已经让左公敬业爱才的形象跃然纸上。尤其是"解貂覆生"的细节,非常传神。在材料选择上,方苞并未将左公的生平材料一一堆砌罗列,而是选择了左公与史可法相交的逸事来表现人物的思想品格。整篇文章从开篇到结束既没有罗列材料,也没有华丽辞藻,却字字珠玑,简练而充实。当左公含冤下狱,史可法不顾自身安危前去探望时,文中写道:"公辨其声,而目不可开,乃奋臂以指拨眦,目光如炬,怒曰:'庸奴!此何地也?而汝来前。国家之事,糜烂至此,老夫已矣,汝复轻身而昧大义,天下事谁可支拄者?'"传神的神态、动作、语言描写,生动地表现出左公的忧急、担心和爱才之心,使人读之落泪。

《狱中杂记》是方苞的另一篇名文,是他受"《南山集》案"牵连下狱后,在刑部大牢所记述的见闻感受。他善于选择典型事例进行着重刻画描写,虽材料丰富、人物繁多,却"杂"而有序、中心突出、语言简洁有力,很合乎他倡导的"义法"主张。文章揭露了狱中的种种乱象:狱中瘟疫流行,死者相枕藉;狱吏与狱卒收入低微,搜刮犯人;敲诈勒索、贪赃枉法,无所不用其极,甚至对死刑犯进行偷梁换柱。写刽子手向被判死刑的囚徒勒索的细节时,寥寥数语就生动地刻画出刽子手的冷酷无情;写刽子手对斩首者"无可要",仍"质其首",把受刑者的头颅据为己有以牟利,将其贪婪到敲骨吸髓的丑态展露无遗。方苞通过自己所见所闻的大量事实,把狱吏与狱卒的残酷无情、贪婪暴虐巨细无遗地展现在读者面前,生动地揭露了刑部大狱的种种黑暗和腐败现象。

一 文以载道

"神气"相辅

刘大櫆是继方苞之后桐城派的中坚人物。他在继承方苞"义法"说的基础上,着重阐述了方苞未具体说明的"法",并在其《论文偶记》中提出了"神气"说:"神气音节者,匠人之能事也","行文之道,神为主,气辅之","神气者,文之最精处也;音节者,文之稍粗处也;字句者,文之最粗处也……神气不可见,于音节见之;音节无可准,以字句准之"。所以"神气"最终还是要落在推敲字句上。他重视散文的艺术表现,深谙文学是语言的艺术,如此强调以语言艺术来体现文章的"神气",这是刘大櫆的独创。

刘大櫆的散文长于气势,富有文采,内容多抒发怀才不遇的忧愤不平之情,也有不少针砭时弊之作。他的寓言式散文《骡说》,赞美骡子而轻贱马匹,因为骡子"行止出于其心""以威使之然而愈不然",具有"坚不可拔"之性,马则往往屈服于威势。而世俗却认为骡子"刚愎自用"而轻贱它。作者托骡马言志,反映了人世的种种不公平现象,也含有自身的身世之感。此文言简意赅,不足二百字,却曲尽其妙。另一篇《恐吠一首别张渭南》,是失意之中的愤世之作。文章骂有眼不识高才之辈为虮蚄、为犬,痛快淋漓,饱含着强烈的悲愤之气。文章寄寓了作者自身怀才不遇的愤懑,反映出当时社会是非不分、埋没人才的黑暗现实。

刘大櫆

"义理、考据、辞章"兼济

刘大櫆的弟子姚鼐,是桐城派理论的集大成者。桐城派主张学习《左传》《史记》,讲究"义法",提倡"义

姚鼐

理",要求语言雅洁,反对俚俗。姚鼐针对当时过分强调义理和考据而忽视文辞的弊病,结合方苞重"义"、刘大櫆重"法"的特点,提出"义理(内容合理)、考据(材料确切)、辞章(语言精美)"三者合一的主张。更为难得的是,他从古文创作的客观要求出发,在其《古文辞类纂·序目》中提出了古文"八字诀":"所以为文者八,曰:神、理、气、味、格、律、声、色。神、理、气、味者,文之精也;格、律、声、色者,文之粗也。然苟舍其粗,则精者亦胡以寓焉?"他认为各种创作要素相互融合、各尽所能,古文才能称之为文,才具有艺术美。在此基础上,他又从美学的角度把众多不同的文章风格归纳为"阳刚""阴柔"两大类,他主张阳刚阴柔并行而不容偏废,"文之雄伟而劲直者,必贵于温深而徐婉。温深徐婉之才,不易得也;然其尤难得者,必在乎天下之雄才也"(姚鼐《海愚诗钞序》),强调"阳刚"与"阴柔"并重。姚鼐的文学理论,有相当完整的体系性和周密的理论性,在继承与发展戴名世、方苞、刘大櫆的桐城派文论的同时,对整个中国古代文论和文学创作的经验进行了前无古人的总结,其论文比方苞更精密,可以说桐城文派至姚鼐而始定。

文化链接

　　鼐闻天地之道,阴阳刚柔而已。文者,天地之精英,而阴阳刚柔之发也。惟圣人之言,统二气之会而弗偏,然而《易》《诗》《书》《论语》所载,亦间有可以刚柔分矣,值其时其人,告语之体,各有宜也。自诸子而降,其为文无弗有偏者。其得于阳与刚之美者,则其文如霆,如电,如长风之出谷,如崇山峻崖,如决大川,如奔骐

一 文以载道

> 骥。其光也如杲日，如火，如金镠铁。其于人也，如凭高视远，如君而朝万众，如鼓万勇士而战之。其得于阴与柔之美者，则其文如升初日，如清风，如云，如霞，如烟，如幽林曲涧，如沦，如漾，如珠玉之辉，如鸿鹄之鸣而入廖廓。其于人也，漻乎其如叹，邈乎其如有思，暖乎其如喜，愀乎其如悲。观其文，讽其音，则为文者之性情形状举以殊焉。
>
> ——姚鼐《复鲁絜非书》

姚鼐最著名的散文是游记散文《登泰山记》。这篇游记是乾隆三十九年（1774）末姚鼐辞官归里，路过泰安时所写的，充分体现了他对散文创作"义理、考据、辞章"三者相统一的要求。文章记泰山地理形势、登山路径，考据处处可见，如"古长城""石刻""天门"等都是考据的内容。有了"考据"为依据，文章论点便鲜明可信。"泰山之阳，汶水西流；其阴，济水东流。阳谷皆入汶，阴谷皆入济。当其南北分者，古长城也。"短短数句便将泰山的地理位置及汶水、济水的走向与南北分界简明地呈现出来。

书法《登泰山记》（局部）

在写景上，这篇散文也极富特色。写日暮登山所见以及日出的景观，真实生动，色彩鲜明，非常传神。如："道皆砌石为磴，其级七千有余"，"日上，正赤如丹，下有红光，动摇承之"。写泰山雪景、夕阳、云雾，虽然仅有只言片语，却将景色描摹得如诗如画，令人读之而心旷神怡，遐想不已，真可谓神、理、气、味、格、律、声、色具备。文章情感的表露不甚明显，但从文章的字里行间细心揣摩体会作者当时的心境，依然能够感受到作者内心的无限感慨。

姚鼐的另一篇散文《李斯论》是一篇翻案文章，主旨在于论述为臣之道。文章开篇就针对"苏子瞻谓李斯以荀卿之学乱天下"的观点，旗帜鲜明地提出自己的不同看法："秦之乱天下之法，无待于李斯，斯亦未尝以其学事秦。"作者认为，李斯事秦从未实行荀卿之学，其主要问题在于"趋时"，即投"侈君"之所好而求得恩宠，以维持自己的权势地位。作者从论李斯出发，进而论述为臣之道，强调为臣者不应该为了一己私利而阿附甚至助长国君的无道。由此得出最后的结论："人臣善探其君之隐，一以委曲变化从世好者，其为人尤可畏哉！"这篇散文旨在论封建社会的为臣之道，但其所论述的不可"趋时""中侈君而张吾之宠"的道理，却具有深刻的现实意义。文章主旨鲜明，立论新颖，有理有据，论证严密，逐层深入，是一篇"有物"、"有序"、意蕴深厚、发人深省的力作。

自姚鼐之后，桐城派又出现了很多文章大家，诸如姚门的杰出弟子方东树、姚莹、梅曾亮、管同、刘开，桐城派旁支"阳湖派"的恽敬、张惠言、李兆洛，桐城派"中兴大将"曾国藩及其"四大弟子"（张裕钊、吴汝纶、黎庶昌、薛福成），以及末期的严复、林纾、马其昶、姚永朴、姚永概等。

经世致用

桐城派到了道光、咸丰年间,已逐渐空疏、狭小、孤弱,呈现出衰飒的趋势。此时,喜爱古文且私淑姚鼐的曾国藩想重振桐城派。"桐城派"的正式得名也是由曾国藩而来。他在《欧阳生文集序》中说:"姚(姚鼐)先生治其术益精。历城周永年书昌为之语曰:'天下之文章,其在桐城乎?'由是学者多归向桐城,号桐城派。"曾国藩对桐城派有"中兴"之功。

曾国藩

曾国藩推重古文,尤其是韩愈的古文,对尊崇古文而影响最大的桐城派倾心有加。他论文师从方苞、姚鼐,为文"义法"也取自桐城派。但他颇不满于某些桐城末流文章的拘谨平淡。因此在文章的内容上强调"经世致用",强化了"道"的意义。认为义理之学最大,"文"是"道"的载体,因此将"见道之多寡"作为评价文章优劣的首要标准。在文章的表现形式上,则吸取了汉赋的优点,呈现出阳刚之美。这就将桐城派发展到了新的阶段——以"湘乡派"为主流的阶段。他论古文,讲求声调铿锵,意蕴丰富,深宏骏迈,推崇雄奇瑰玮的意境。曾选编一部《经史百家杂钞》作为文章典范。清末及民初的严复、林纾,以至谭嗣同、梁启超等人均受他文风的影响。

桐城派重视"载道",讲求"义理",在文章的艺术表现上有所开创,在矫正明末清初"辞繁而芜,句佻且稚"(方苞《书柳文后》)的烦冗浮华的文风,以及促进散文的发展方面也起到了巨大的作用。

民国大文人

> 晚清民国时期，中华民族处于风雨飘摇之中，面对积贫积弱、内忧外患、岌岌可危的家国，众多时贤文士奋笔著文，为救亡图存而鼓荡呐喊，留下了许多光耀后世的宏文杰作。

梁启超与其"新文体"散文

作为"戊戌变法"的主要领导人之一，梁启超不仅是近代著名的政治家、思想家、学者，同时也是一位开风气之先的文学家。

梁启超是中国现代文学革命的首倡者，最先发起了倡导平易畅达文风的"诗界革命""小说界革命"和"文界革命"。他在文学上的成就尤以散文影响最为深远。在1896年到1906年的十年间，他以维新思想为基础，在《时务报》和《新民丛报》上发表了一系列散文，内容和形式都有重大突破，并确立了一种崭新的散文文体——"新文体"（又称"新民体"），梁启超也因此赢得了"舆论界之骄子，天纵之文豪"的美誉。

所谓"新文体"，是针对当时占正统地位的桐城派古文、骈文和时文八股等"旧文体"而言的。梁启超认为桐城派散文发展到后来，过分强调"义理、考据、辞章"，恹恹无生气，陷入了僵化的泥潭，骈文和时文八股更是如此。而他所倡导的"新文体"散文则带来一股新风：语

梁启超

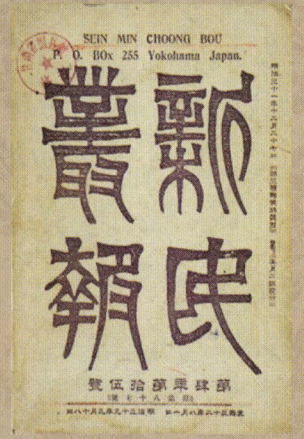

《新民丛报》

一 文以载道

言通俗,平易畅达;不避俗语,吸收外国语法;词汇丰富,句法灵活,艺术手段多种多样;针对时局大胆地直抒己见,思想深刻警策;感情充沛,颇具煽动力和感染力。梁启超的"新文体"散文以其丰富的时代内容、深刻的思想、充沛的情感和自由的表达形式,产生了巨大影响,被黄遵宪高度评价为"惊心动魄,一字千金。人人笔下所无,却为人人意中所有,虽铁石人亦应感动。从古至今,文字之力之大,无过于此者矣"。

《少年中国说》是梁启超"新文体"散文中的名篇,文章对日本人称中国为"老大帝国"进行批驳,鲜明地提出"吾心目中有一少年中国在"的观点,以感情充沛、气势磅礴的语言描述了少年中国的光辉前景,鼓舞国民为祖国的富强独立而奋斗,充满了强烈的爱国之情、昂扬乐观的进取精神和理想色彩。文章运用了大量的比喻、对比、排比等修辞手法来描绘未来中国的美丽景象,使文章声色兼具,磅礴雄健,生动可感,具有强烈的艺术感染力。如用"红日初升"比喻少年中国的灿烂前景,用"河出伏流"比喻少年中国的进步不可限量,用"潜龙腾渊"比喻少年中国的崛起,用"乳虎啸谷"和"鹰隼试翼"比喻少年中国的声威浩大,用"干将"比喻少年中国的奋发有为等。

书法《少年中国说》(局部)

梁启超的《变法通议》则针对中日甲午战争后中国社会政治、经济、文化、教育等各个领域的问题,反复论述了进行变法改革的必要性和迫切性。文章描写了一个千年巨厦即将倾塌的场景,面对这样的危险景况,"室中之人"表现出种种不同神态,寥寥几笔就把"酣嬉鼾卧""惟知痛哭""苟且安时"这三种形象逼真、传神地勾勒了出来,并将他们与"善居室者"进行对照,得出变法与否关系到国家民族生死存亡的结论。作者从日常生活现象切入，把抽象的理论寓于形象化的论证之中，深入浅出地把不变法的危害与严重后果呈现出来，阐明了变法是大势所趋的道理。《谭嗣同传》把谭嗣同这位"去留肝胆两昆仑"的爱国志士形象描写得可歌可泣，感人至深。在文章中，谭嗣同"作吏一年，无异入山"的自谓，"今而知皇上之真无权矣"的浩叹，变法失败后对友人所说的话，以及他慷慨就义前的表白，一处处声容并肖的细节刻画，生动地表现了谭嗣同舍生取义的伟大形象。在描写谭嗣同和袁世凯对话时，把谭嗣同的坦率、直爽、仁厚，甚至有些迂阔的性格都描写得十分传神，并且与袁世凯的阴险奸诈形成了鲜明的对照，也使谭嗣同的形象深入人心。

谭嗣同

梁启超散文对后世有深远的影响，"新文体"散文的出现，为中国古典散文向现代散文尤其是白话文的转化奠定了基础。

章炳麟与其革命散文

章炳麟，号太炎，是中国民主革命家、思想家、学者，在史学、哲学、文学、语言文字学、政治学、佛学、医学等领域都广有建树。

章炳麟的散文创作，是与他的爱国思想和革命运动密不可分的。受明清之际顾炎武、黄宗羲等人的爱国主义思想和家庭的影响，他在学术研究之外也心系民族安危，非常关心政治，参加了民族民主革命运动。并曾出任南京临时政府枢密顾问、护法军政府秘书长等职。鲁迅在《关于太炎先生二三事》中曾评价章炳麟的

章炳麟

一 文以载道

文章:"战斗的文章,乃是先生一生中最大、最久的业绩,假使未备,我以为是应该一一辑录,校印,使先生和后生相印,活在战斗者的心中的。"可见,战斗的文章和革命的文章是章炳麟散文中最重要的一部分。

受小学(指研究文字、训诂、音韵的学问)、经学研究的影响,章炳麟的散文文辞多古奥难懂。但是作为学问宏富的革命家,其革命散文以他广博渊深的学问为基础,又具有充实的现实革命内容,在当时也产生了巨大的影响。

章炳麟的革命散文,最初是他投身维新变法运动期间,在宣传变法的《经世报》上连续发表的《变法箴言》《平等论》等文章,主张改革要付诸行动,甚至要有为变法而牺牲的勇气。正如他所说:"变法者,非口说也,必躬自行之;躬自行之而不可济,必赴汤火冒白刃以行之。"他这一时期写的《论学会大有益于黄人亟宜保护》,对清朝统治者封禁学会提出强烈抗议,认为不许组织学会只能阻碍文化教育发展,使国家更加贫弱,并且提出"以教为民,以民为国,使自为守而已。……今之亟务,曰:以革政挽革命",认为改革政治是为革命做准备,极具前瞻性和政治激情,以至谭嗣同读后大加赞赏,将他比作汉代的司马相如。

戊戌变法失败后,章炳麟的思想逐渐脱离了改良维新而立志革命。这一时期,他在《苏报》上发表了名震中外的《驳康有为论革命书》。文章痛斥保皇党"中国只能改良,不能革命"的谬论,强调要以革命明公理,以革命去旧俗,论证了革命是中国最好的出路的道理。他掷地有声地指出:"然则公

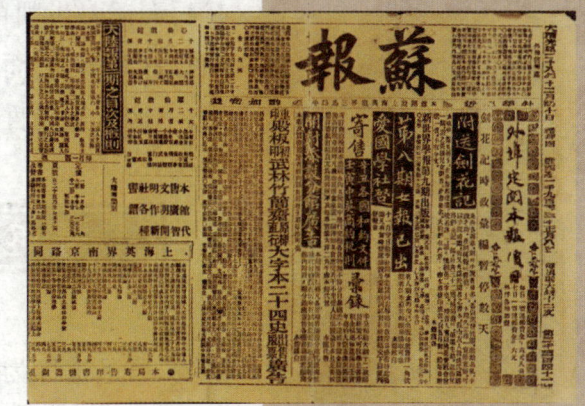

《苏报》

理之未明,即以革命明之。旧俗之俱在,即以革命去之。革命非天雄大黄之猛剂,而实补泻兼备之良药矣!"表现出昂扬的革命斗争精神和坚定的革命决心。

邹容《革命军》

与此同时,章炳麟还发表了他为邹容《革命军》所写的序言。文章从邹容对《革命军》这部书的自我评价切入,围绕着"文"与"不文"展开论述,用历史事实说明空言误事的道理,强调在当时宣传革命必须"震以雷霆之声"。而邹容《革命军》的"叫咷恣言",就是感化广大民众的"义师先声",对该书给予了很高的评价。文章最后通过解释《革命军》的书名,揭示了此书的深刻内涵。整篇文章逻辑清晰,感情充沛,气势雄壮,可以说与邹容的"叫咷恣言"相得益彰。章炳麟本人也因为发表此文和之前的《驳康有为论革命书》,引起了清政府的极大恐慌。因而他与邹容一起被捕入狱,这就是轰动一时的"《苏报》案"。

章炳麟的散文多是伴随着他的革命活动喷发而出的,充满着政治激情和革命气概,体现出他对国家、民族的热爱与忧虑。正如鲁迅先生在《关于太炎先生二三事》中所述:"考其生平,以大勋章作扇坠,临总统府之门,大诟袁世凯的包藏祸心者,并世无第二人;七被追捕,三入牢狱,而革命之志,终不屈挠者,并世亦无第二人。这才是先哲的精神,后生的楷范。"

鲁迅与其"杂文体"散文

鲁迅

鲁迅被称为现代中国的民族魂。作为杰出的文学家、思想家、革命家,他的成就是多方面的。仅就文学领

一 文以载道

域来说，几乎涵盖了文学的所有门类。鲁迅的文学创作，为中国现代文学的发展奠定了深厚的基础，开拓了广阔的天地。"几乎所有的中国现代作家都是在鲁迅开创的基础上，发展了不同方面的文学风格体式，这构成了中国现代文学的一个独特现象。"[钱理群、温儒敏、吴福辉《中国现代文学三十年》（修订本）]

作为"五四"新文化运动和"文学革命"的主将，鲁迅在散文创作上有自己明确的主张。他认为散文要言之有物，能够贴近现实，书写真实的内心感受，以达到抒情言志的目的。在《论睁了眼看》中，他批判了不真实的"瞒和骗的文艺"，在《怎么写》中批判了装腔作势的文章，这些作品都表明了上述主张。鲁迅坚持散文创作要"为人生"，要对人生有益。在谈到为什么写小说时，他说"我仍抱着十多年前的'启蒙主义'，以为必须是'为人生'，而且要改良这人生"（《我怎么做起小说来》），这在他的散文和其他文体创作中是一以贯之的。当然，鲁迅也强调散文创作的自由与自然，反对过于功利化，认为"好的文艺作品，向来多是不受别人命令，不顾利害，自然而然地从心中流露的东西"（《革命时代的文学》），不能过分夸大文学和革命的关系，使文学成为"宣传，鼓吹，煽动，促进革命和完成革命"的工具。

鲁迅的散文大致可以分为两类：一类是侧重叙事、抒情的散文（狭义的散文概念专指此类散文），主要是散文集《朝花夕拾》和散文诗集《野草》中的部分篇章，以及散见于杂文集中的一些偏于抒情和叙事的篇章；另一类是侧重议论、批评又兼具文学意味的"杂文体"散文（一般称作"杂文"），这也是鲁迅倾注了大部分生命和心血，以博大精深的思想内涵和独特完美的艺术形式，使之攀上了中国文学高峰的艺术形式。

《朝花夕拾》

鲁迅的叙事抒情散文以《朝花夕拾》为代表,这是鲁迅的一部回忆性散文集,也是唯一一部严格意义上的散文集,收录了鲁迅1926年所作的十篇回忆散文。这些散文较为完整地记录了鲁迅从幼年到青年时期的生活经历,以深沉隽永的笔调,描绘了清末民初时期的一幅幅色彩鲜明的风俗画、世态画。文章透射出鲁迅对中国社会和国民精神的深刻体悟与剖析,为散文创作注入了更丰富深广的社会内涵和文化内涵,是中国现代散文中的经典作品。比如《阿长与〈山海经〉》,记述了鲁迅小时候与保姆阿长相处的许多场景,用风趣幽默又饱含深情的语言,描写了没有文化的长妈妈纯朴、善良而又爱唠叨、讲迷信的性格,她的"大"字形睡姿让人捧腹,而她费尽心力买来作者梦寐以求的《山海经》,又令人感动,文章表达了作者对长妈妈真诚的怀念。在《狗·猫·鼠》中,既有作者对童年时的一只可爱的小隐鼠的深情回忆,又有对祖母讲述的民间故事的生动记叙,同时也揭示了现实中那些像"猫"一样的正人君子的真实面目。《范爱农》则回忆了作者与好友范爱农交往的几个片段,突出了范爱农在辛亥革命前追求革命,反抗黑暗社会,革命后又备受打击迫害的遭遇,表现出对正直倔强的友人的同情和悼念。

鲁迅手书扇面《自嘲》

杂文是鲁迅"以文体改革大师的宏伟气魄,冲破传统美学观念",一手使之"侵入高尚的文学楼台",成为一种独立的文学样式的(参见朱德发、韩之友选注《鲁迅选集·杂文卷·前言》)。鲁迅在《华盖集·题记》中曾说:"如果艺术之宫里有这么麻烦的禁令,倒不如不进去;还是站在沙漠上,看看飞沙走石,乐则大笑,悲则大叫,愤则大骂,即使被沙砾打得遍身粗糙,头破血流,而时时抚摩着自己的凝血,觉得若有花纹,也未必不及跟着中国的文士们去陪莎士比亚吃黄油面包之有趣。"这表现出鲁迅对杂文创作的坚定信念。鲁迅一生倾尽心血创作杂文,他渊博的学识、深邃的思想、深沉的爱国情怀、敏锐的洞察力、精湛的艺术功力,都在他的杂文里得到了充分的展现。

鲁迅的杂文,结合了形象思维和逻辑思维,兼具评论性和文学性,用艺术的形式来表现他的政治立场和对社会的深刻洞悉,"嬉笑怒骂,释愤抒情,针砭时弊,指向广泛的人生社会问题","撕去旧社会的假面","使麒麟皮下露出马脚","展示了活的人间相",达到了前所未有的深度和广度,堪称一代"史诗"(参见朱德发、韩之友选注《鲁迅选集·杂文卷·前言》)。

鲁迅杂文中有一篇比较短小的《夏三虫》,写得幽默生动,又一针见血,痛快淋漓,是难得的佳作。文章写跳蚤、蚊子和苍蝇这三种对人有害的昆虫,如果非要选一个最爱的不可,那作者就选跳蚤,因为它虽然咬人吮血,却"直截爽快",行动果决,比较直率。而蚊子则不然,它在叮人之前总要"哼哼地发一篇大议论",说明人应该被它吸血的大道理,让人讨厌。至于苍蝇,虽然表面上看对人类的危害要比跳蚤、蚊子小,也容易被人放过,但实际上它能够传播病菌,危害反而更大。作者煞有介事甚至有点滑稽地认真讨论三种害虫哪种"可爱",实际上是将它们人格化,象征和讽刺了现实中的三种丑恶的反面人物,让读者读来既忍俊不禁,又能得到深刻的反思和警醒。

《未有天才之前》是鲁迅在1924年所做的关于文

艺创作问题的演讲,后收入杂文集《坟》。文章针对当时文坛上一些人一边空喊呼唤天才,一边却又时时扼杀天才、戕害天才的怪现象,独辟蹊径地提出了自己的看法,具有极强的讽刺性和现实意义。他认为"在要求天才的产生之前,应该先要求可以使天才生长的民众",正如同花木非需要有好的泥土不可。谈到恶意的批评时,鲁迅说:"即使天才,在生下来的时候的第一声啼哭,也和平常的儿童一样,决不会就是一首好诗。"他反对恶意批评家"在嫩苗的地上驰马"而伤害天才的做法,说:"幼稚对于老成,有如孩子对于老人,决没有什么耻辱;作品也一样,起初幼稚,不算耻辱的。因为倘不遭了戕贼,他就会生长,成熟,老成;独有老衰和腐败,倒是无药可救的事!"希望人人都来做培植天才的"泥土",不要做戕害天才的事情。整篇文章用艺术化的手法,把抽象的道理形象化,充分展现了鲁迅既犀利深刻又幽默风趣的语言风格。

鲁迅的另一杂文名篇《春末闲谈》,以从容洒脱的闲谈式笔调,将自然物象人格化,通过形象化的说理,揭露了统治阶级麻痹百姓的"治术"的险恶本质。文章开头首先介绍细腰蜂用毒针蜇入青虫,使其不死不活、不动不烂,来作为细腰蜂后代的食料。然后由细腰蜂毒针的麻醉作用,联想到中国历代统治阶级的种种麻痹手段和"治术"——用"圣贤之言"将自己的统治合法化,迷惑人民,这与细腰蜂的捕食方式何其相似。文章最后强调,无论运用什么样的麻痹术,都是"无法禁止人们的思想"的,妄想长久统治人民的种种"治术"终将会失败。在《略论中国人的脸》一文中,鲁迅从西洋人和中国人的相貌谈起,用传神的笔法勾勒出中国国民普遍存在的"家畜性":驯顺、奴性,甚至还滋生出了昏庸、

一 文以载道

麻木和狡猾的特性。鲁迅认为,"家畜性"形成的原因是国人普遍缺乏"兽性"——反抗的意识。文章以此启示我们,应该正视自己的病根,将奴性、奴态从心间和脸上洗去。

鲁迅的杂文"生动,泼辣,有益,而且也能移人情",它以一种"悲剧的诙谐"描摹世相,论道析理,释愤抒情,直指人心。他的十六部杂文集使杂文正式步入文学殿堂,在中国文学史乃至世界文学史上"赢得了独立而崇高的地位"(参见朱德发、韩之友选注《鲁迅选集·杂文卷·前言》)。

 **文化链接**

鲁迅经典杂文摘抄

苍蝇嗡嗡地闹了大半天,停下来也不过舐一点油汗,倘有伤痕或疮疖,自然更占一些便宜;无论怎么好的,美的,干净的东西,又总喜欢一律拉上一点蝇矢。但因为只舐一点油汗,只添一点腌臜,在麻木的人们还没有切肤之痛,所以也就将它放过了。中国人还不很知道它能够传播病菌,捕蝇运动大概不见得兴盛。它们的运命是长久的;还要更繁殖。

——《夏三虫》

泥土和天才比,当然是不足齿数的,然而不是坚苦卓绝者,也怕不容易做;不过事在人为,比空等天赋的天才有把握。这一点,是泥土的伟大的地方,也是反有大希望的地方。而且也有报酬,譬如好花从泥土里出来,看的人固然欣然的赏鉴,泥土也可以欣然的赏鉴,正不必花卉自身,这才心旷神怡的——假如当作泥土也有灵魂的说。

——《未有天才之前》

陶潜先生又有诗道："刑天舞干戚，猛志固常在。"连这位貌似旷达的老隐士也这么说，可见无头也会仍有猛志，阔人的天下一时总怕难得太平的了。

——《春末闲谈》

野牛成为家牛，野猪成为猪，狼成为狗，野性是消失了，但只足使牧人喜欢，于本身并无好处。人不过是人，不再夹杂着别的东西，当然再好没有了。倘不得已，我以为还不如带些兽性，如果合于下列的算式倒是不很有趣的：

人＋家畜性＝某一种人

——《略论中国人的脸》

二 百 年 树 人

"十年树木,百年树人",教育让源远流长的中华文化传承不息。从"学在官府"到"学在四夷",从科举取士到新式学堂,从官学的矜持有序到私塾的各展其长,无不体现着国人对教育的思考,彰显国人对中华文化的责任。

二 百年树人

官学制度

> 在众多教育形式中，官府办学凭借自身优厚的条件，在教育的长河中可谓独领风骚，最早承担了传承中华文化的责任。

官学翘楚——稷下学宫

中国是世界上文明发展最早的国家之一。国人很早就意识到教育在文明传承中的重要性。但是早期民众自发的教育活动专业性很差，内容简单，方式混杂，更多的是对生活、生产经验的言传身教，难以承担太多的文化传承重任。因此，正规的学校教育是不可代替的。

最早的正式学校是由有着较好条件的官府组织的，称之为官学。统治者重视对教育的管理，西周时期形成了"学在官府""官守学业"的局面。当时的学校教育很不规范，学校管理较为随意松散，教育目的无非是"修己治人"，教学内容局限于"六艺"等方面，说明此时的官学教育更像是将传统民间教育加以整合，重视生活经验的传承，内容相对单调，学生更多的是接受现有知识，官学还没有意识到启发学生智慧、激发学生主动思考的重要性。

稷下学宫

大动荡、大变革的春秋战国时代的来临，给学校教育带来了机遇，各国纷纷创办教育机构，吸纳人才，寻找治国良策。在这种大环境下，稷下学宫应运而生。《史记·孟子荀卿列传》记载："于是齐王嘉之，自如淳于髡以下，皆命曰列大夫，为开第康庄之衢，高门大屋，尊宠之。"稷下学宫始建于齐国的第三代国君齐桓公田午时期，位于齐国都城临淄稷门之旁，后在齐国多个君主的支持下不断扩建，经齐威王时期发展，到齐宣王时达到鼎盛。

稷下学宫采取兼容并包、"择其善者而从之"的政策。各个学派在齐王面前可以自由阐述自己的政见，齐王鼓励各个学派"不治而议论"，大胆阐述自己的主张，甚至抨击朝政，以资参考。稷下的学者们受到齐王的优厚待遇，他们按照学术水平、名望资历，被分成不同等级，享受相应的俸禄，如上卿、卿、上大夫、大夫等，学者的弟子亦有相应的待遇。当时前来稷下学宫的人，既有个别游学的，也有团体游学的，可随时加入，随时退出，不受限制。学生来到稷下学宫后也不受学派束缚，自由听讲。郭沫若曾给稷下学宫很高的评价："这稷下之学的设置，在中国文化史上实在有划时代的意义……发展到能够以学术思想为自由研究的对象，这是社会的进步，不用说也就促进了学术思想的进步"，"周秦诸子的盛况是在这儿形成了一个最高峰的"。

自由的氛围并不妨碍稷下学宫对学生进行全方位的严格管理，学校从学生的尊师重教到学业修习，从日常起居到行为规范，从课上学习到课后温习，都有严格细致的规定，可谓系统全面。学宫要求学生"出入恭敬，

如见宾客",为此学宫制定了中国历史上第一个学生守则《弟子职》,以此来规范学生的言行。(据郭沫若《管子集校》)

稷下学宫存在了约一百五十年之久,创办之早、历时之长、规模之大,在中国教育史上是罕见的。更重要的是稷下学宫的宽松治学氛围极大促进了当时社会思想的发展,《管子》《晏子春秋》等名著均成书于稷下学宫。学宫内的名士既无政治束缚,也无经济之忧,思想活跃,有利于塑造中国古代知识分子的独立人格。在教学中,学生自由听讲,在学宫定期举行的"期会"中,不仅有全校的教师与来访的学者参与自由辩论,连资历较浅的学生也可以参与其中,以理服人,这种学术上人人平等的环境造就了出色的教育典范。

最高学府——太学

春秋战国时期动荡的社会环境是把双刃剑,既给人们带来了思想的自由,也破坏了教育的正常发展环境。西汉时期,国家实现大一统,社会稳定、经济复苏,到汉武帝时,国家已经有了更多的精力关注思想教育。董仲舒提出三大文教政策:"兴太学、重察举、独尊儒术。"在汉武帝大力推行下,产生了正式的全国性的最高学府——太学。

最初的太学只设五经博士,即在《诗》《书》《礼》《易》《春秋》每经的领域内设置博士,合称"五经博士",置博士弟子五十人,专门研习儒家经书。此时太学规模尚小,更像是一个儒学的科研机构。到汉昭帝时,太学扩招,学生增至百人,宣帝时增至二百人,成帝时已经

太学讲学图

多达三千人。据《三辅皇图》记载："汉太学在长安西北七里,有市有狱。"可见当时太学规模宏大,既有市场,又有处理诉讼的治安机关,俨然成了一座城市。公元4年,为满足太学的发展需要,政府为太学生建造校舍,新校舍足可以容纳万名学生,这是我国历史上大规模建设大学校舍的开端。东汉时期太学迁往洛阳附近,规模更加宏大,太学生一度达到三万人之多,京城附近形成了当时的大学城——太学区。

汉代太学内的课程主讲人是博士,他们作为儒家经学解读的权威,虽无很大的政治权力,却有着崇高的社会政治地位,在正式朝会的时候,博士位次非常靠前,位列九卿丞、将军长史、京师县令以及其他千石县令之前,朝廷重大决议往往都有博士参与,博士对重大政治决策有很大的影响力。经济上博士享受与卿大夫、郡守同等的待遇。太学的学生为博士弟子,也称为太学生或"诸生",由中央直接选拔或者地方郡邑推荐产生。因太学生年龄不限,所以太学里面既有十多岁的"童子郎",亦有六十多岁的白发老人。无论博士还是太学生,因其在主流思想传播中的特殊地位,往往有很多政治上高升的机会,这也成了太学吸引博学之士和勤奋好学之士的一个重要原因。随着汉代后期政局的动荡,太学生不再是单纯的思想研究者,开始出现参与政治的趋向。东汉末年陈蕃、李膺等人反对宦官的专制统治,得到太学生的积极响应,结果太学生成了宦官的重点打击对象,引发了东汉末年的两次"党锢"事件。太学因这种超出学术、干预政治的做法而被后人戏称为"有发头陀寺,无官御史台"。

二 百年树人

太学的教育目标是为国家培养"经明行修"的优秀官吏。"经明"就是精通一到两种儒学经书;"行修"就是要遵守"三纲五常",在道德行为方面做社会的典范。太学里有御定教材"五经",五经博士在讲授"五经"的同时亦对其进行个人注解。因博士们对"五经"的理解各有千秋,于是太学生也就相应出现很多门派。太学生既要尊重"五经"的基本理论,又要恪守师承关系,因此形成了类似于家谱的师承体系。为加强对太学生的管理,太学设有严格的考试制度,每次考试的优秀者可被授予官职,不合格者或被开除。

太学自汉武帝时始创,一直到南北朝时没落,尽管其中有很多变革,甚至名称亦有变化,但太学一直是最高学府。以往的教育要么缺乏青春活力,要么简单功利,要么相对混乱,太学的出现是对以往教育弊端的冲击,是对教育革新的继承与发扬。太学与政治的结合也使得孔子"学而优则仕"的思想逐步得到制度上的落实,给中国的教育思想带来深远影响。

专科学校——鸿都门学

汉代是中国教育史上成果繁盛的时代,当太学茁壮成长的时候,洛阳的鸿都门出现了中国最早的高等专科学校——鸿都门学。

鸿都门学是应东汉末期宦官培植自己势力的需要而产生的。东汉后期,外戚、宦官轮流专权,在权力争夺过程中,拥有巨大社会影响力的知识分子阶层自然成为各派拉拢或打击的对象,成为混战的重要力量群体。桓、灵二帝时期,儒学士大夫及归属他们的太学生与专权的宦官集团之间的斗争十分尖锐,已到难以调和的地步。当权宦官位高权重,但知识文化明显不足,在与文人争斗过程中吃亏不小。宦官虽也能网罗一些儒士,但毕竟势单力薄,成不了气候。"党锢"事起后,知识分子遭到迫害,清流名士被排挤出政坛,太学也因此失去了昔日作为学术文化中心的风采。在这种形势下,宦官群体意识到有必要开办新的官学,培养依附于自己而又有一定学术文化造诣的人才。既然传统经学领域无法插足,那么只有另辟蹊径。他们利用汉灵帝爱好书画的特点,积极鼓吹建立琴棋书画类的专业艺术学校,从而加强自己对舆论阵地的控制,鸿都门学应运而生。

鸿都门学

不同于太学,鸿都门学的学生大都是社会地位不高的平民子弟,鸿都门学对学生的书法、绘画、诗赋等艺术特长有明确的要求,经州、郡、三公推荐并能顺利通过考试者方能有资格入学。鸿都门学亦将孔子及其七十二弟子的画像悬挂其中,以彰显自己尊儒的特点。但在这所学校里,并不研究儒家经典,师生主要教习辞赋、书法、绘画等这类灵帝感兴趣的学科。鸿都门学实际上是一所专业艺术院校。恃才高傲的太学生往往鄙视这些人,认为他们所学的皆为雕虫小技,不足挂齿,拒绝与其为伍,这进一步加剧了太学与当权宦官的矛盾。

为抗衡自命清高的太学，当政者给予鸿都门学优厚的条件，以便壮大其声势。朝廷规定，鸿都门学的学生入学即享有俸禄，所有待遇均高于太学生，很多学员毕业就可获得高官厚禄。很多时候，鸿都门学的师生所获得的封官赐爵的机会甚至连太学博士都望尘莫及。在此刺激之下，鸿都门学飞速发展，在繁盛之时成员达到千人之多。

然而好景不长，鸿都门学毕竟是脱离主流思想的教育实体，缺乏足够的社会支撑。汉王朝在农民起义的冲击之下变得风雨飘摇，鸿都门学也失去了朝廷内部的支撑，走向衰败。尽管鸿都门学没有延续下去，但是作为中国最早的专科大学，也是世界上创立最早的文艺专科大学，在汉代思想大一统的环境之下，对古代教育的教学内容多样化以及对文学艺术的研究与传承有着重大的开创意义。鸿都门学放宽学生的入学门槛，大量招收平民子弟入学，突破权贵对学校教育的垄断，使平民获得受教育的权利与施展才华的机会，这也是有进步意义的。鸿都门学的出现，还为后世特别是唐代的科举和设立各种专科学校做了很多有价值的探索。

学校的管理者——学官

"不以规矩，不成方圆。"一所学校的健康成长，很大程度上取决于学校的管理水平，取决于学校的管理者，所以官学的成长离不开学校的管理者——学官。学官又称教官，是主管学务的官员和官学教师两类人的合称。

古代官学的教学目标有着很浓厚的政治色彩,多以培养合格的官僚为己任,所以学校大都是当时官僚体系的重要组成部分。在学校担任管理与教学任务的学官一般也会在朝廷担任相应的官职,是国家正式官员。

西周时期,官学内的学官实行官师一体的制度。教师由官吏兼任,大乐正总管学校事务,下设许多官员分掌各个部门。据《礼记》记载,有大乐正、小乐正、大胥、小胥、大司成、太傅、少傅、师氏、保氏等。这些人员均有着多重身份:国家的教育官员、学校校长或者基层管理者、教师。

秦代学官制度有了新的变化。秦始皇以武力统一天下,为了控制思想,严格限制学术活动,不太重视文教事业,加上秦代历时较短,甚至没有建立起完整的学校制度。公元前213年,秦始皇采纳丞相李斯的建议,在焚书的同时禁止私学,规定"若欲有学法令,以吏为师",实行"吏师"的教育制度。学校教育以法家思想为指导,教学内容也主要是官员的基本要求与为官之道。除个别专注于法家思想研究的博士外,教师均由现任官吏担任。

"吏师"制度固然有其合理性,但是官吏不一定都能为师,能为师者不一定能为官,故"吏师"制度在实行过程中出现了很多困难,"吏"与"师"的分离是一个大趋势。

于是专注于学术的博士的地位被逐渐提高,成为学术类学官的主要代表。"博士"一词早在战国时期就已经存在,是指负责档案保管工作、编写著作、传授文化知识、培养各类人才的官员。秦代的博士有七十人之多。汉初延续设置,其所享俸禄为六百石。汉武帝时,为弘扬儒学,博士成为专门传授儒家经学的学官。唐代学

二 百年树人

官分为博士、助教、直讲三级,其中博士与助教既是教师又是政府官员,国子监博士相当于大学教授,必须具有五品以上的官职,助教也必须是七品以上的官员。

在专注教学的博士快速崛起的时候,唐代官学开始设置专门负责管理的学官,唐张说在《素盘盂铭序》中提到:"国子祭酒韦公好游山水。"唐代国子监设祭酒一人,是教育行政最高长官,相当于校长。设司业二人,助祭酒掌管学校的政令,相当于学校里主管政教的副校长。设丞一人,管理学生的学业成绩,类似今天负责教务的副校长。设主簿一人,负责学籍印鉴,是学校的学籍管理负责人。宋代在学官设置上与唐代大同小异,理学大师程颢曾任宋代国子监学官。明清两代,国子监的最高学官仍为祭酒,《红楼梦》第四回里曾提到:"这李氏亦系金陵名宦之女,父名李守中,曾为国子祭酒。"但是此时的学官行政级别很高,祭酒为从三品,司业也至少是从四品。对于地方官学,主管的学官也相应地分作不同的品级,府学称教授,州学称学正,县学称教谕,其下又各设置多个副职辅助工作。

学官分工的细化是中国古代教育进步的重要表现,专注于教学的学官极大地提升了官学的教育水准,凭借较高的学术水平,教师在学生心目中塑造了崇高的形象,形成了社会上尊师重教的氛围。专门的管理类学官使官学运作更加规范,是学校发展的重要保障。

官学凭借其良好的师资、优越的政策环境,在古代教育史上留下了浓墨重彩的一笔,它曾在人才的培养、优秀文化的传承、科学与学术的推动方面,起到过不可替代的作用。

文化链接

五经博士

自武帝立《五经》博士,开弟子员,设科射策,劝以官禄,讫于元始,百有余年,传业者浸盛,支(枝)叶蕃滋,一经说至百余万言,大师众至千余人,盖禄利之路然也。初,《书》唯有欧阳,《礼》后,《易》杨,《春秋》公羊而已。至孝宣世,复立大、小夏侯《尚书》,大、小戴《礼》,施、孟、梁丘《易》,《穀梁春秋》。至元帝世,复立京氏《易》。平帝时,又立《左氏春秋》、《毛诗》、逸《礼》、古文《尚书》,所以罔罗遗失,兼而存之,是在其中矣。

——班固《汉书·儒林传》

二 百年树人

私学教育

相对于严肃的官学,私学有着自由率性的特点,它的产生是中国教育史的一次大变革,开辟了中国教育的新纪元。

春秋战国时期是中国社会的大转型时期,教育亦在此时出现了历史性的变化。百家争鸣的社会文化大环境催生了私学教育。

《庄子·天下篇》载:"……百家之学,时或称而道之。天下大乱,贤圣不明,道德不一,天下多得一察焉以自好……"这里的"百家",是"多"的意思,并非实指有百家。周平王迁都洛邑(今河南洛阳)之后,王室衰微,诸侯尾大不掉,相互攻伐,天下纷争四起。一时间,社会上出现了代表不同阶级、不同群体,拥有着不同思想、不同理念的学者与思想家。他们都希望按照本集团的利益与要求,以本人的主张见解,对社会乃至整个宇宙做出自成体系的论述。众多思想家发扬己意,任意挥洒,纵谈天下。关于对诸子百家的派别归类,《史记·太史公自序》列举了六家,"乃论六家之要指曰:《易大传》:'天下一致而百虑,同归而殊途。'夫阴阳、儒、墨、名、法、道德,此务为治者也"。刘歆《七略》将诸子分为十家:儒、道、阴阳、法、名、墨、纵横、杂、农、小说。因小说家皆采自"街谈巷语，道听途说"(《汉书·艺文志》)，与前九家之论大道者不同，所以称"九流十家"。"百家争鸣"的出现反映了当时社会思想的多元化。

为赢得社会认可，扩大自己的影响，诸子除了著书立说、互相辩论之外，还广收门徒，传道授业，私学由此诞生。

在众多私学教师中，儒家创始人孔子是其中的翘楚。孔子出身贫寒，所以非常了解底层民众的生活。他自称"吾少也贱，故多能鄙事"，可见他从年轻时就得到了很好的锻炼。孔子三十多岁开始讲学，开私学之风气，前后延续四十多年。带学生周游列国十四年后，孔子安心著书立说，专心从事讲学，

孔子讲学图

"弟子盖三千焉，身通六艺者七十有二人"(《史记·孔子世家》)。

孔子的教育思想是一个庞大的体系，内容非常丰富。他主张"学而优则仕"，把教育工作与政治生活紧密结合起来，为国家培养德才兼备的官员。同时注重教授学生经济、军事、行政、法律等方面的知识，培养具有全面才能的学生。在学生的选择上，孔子提倡"有教无类"，冲击了当时阻碍平民教育的障碍。他的教学方法科学灵活，十分注意观察学生的特点，例如，他曾言简意赅地指出学生的特点"柴也愚，参也鲁，师也辟，由也喭"(《论语·先进》)，进而因材施教。孔子对学生的要求是非常高的，特别是道德方面，他曾说："弟子入则孝，

出则悌,谨而信,泛爱众,而亲仁。行有余力,则以学文"(《论语·学而》),"君子坦荡荡,小人长戚戚"(《论语·述而》)。孔子讲学不仅仅教授知识,而且注重学习方法的指导,"温故而知新""当仁不让于师"等理念在今天依然让我们受益无穷。

 **文化链接**

孔子学院

孔子作为中国古代最著名的思想家、教育家,不但自己集华夏上古文化之大成,被誉为"天纵之圣",而且桃李满天下,对中国乃至世界文化发展都有很大的影响力,俨然成为中国文化的象征。为弘扬中华文化,加强世界对中国的认知,中国政府积极促成以孔子命名的文化传播机构,孔子学院应运而生。孔子学院并非是一所常规大学,而是致力于汉语推广、中国传统文化传播与国学教育的非营利性的社会公益机构。2004年11月21日全球首家孔子学院在韩国首尔成立,截至2015年12月1日,在全球一百三十四个国家(地区)建立了五百所孔子学院和一千个孔子课堂,孔子学院早已成为汉语教学推广与中国文化传播的全球品牌和平台。

春秋战国时期的私学教育领域可谓人才辈出。除孔子、孟子外,社会上还有很多杰出的教育人才。荀子在教育方面有自己独到的见解,他认为人性本恶,教育在人的发展过程中可以起到"化性起伪"的作用。荀子说:"凡所贵尧、禹君子者,能化性,能起伪,伪起而生礼义,然则圣人之于礼义积伪也。"(《荀子·性恶》)任何人的道德观念,皆非本性固有,而是"积伪"的结果,也就是由"性"向"伪"转化的结果。基于此,荀子特别强调了教育的重要意义,只要肯学习,经过长期的教育,就可以改变人的本性。荀子的讲学主要追求培养由士到圣人的各种治术人才,教学内容就是《诗》《书》《礼》《易》《乐》《春秋》。令人耳目一新的是,荀子非常注重音乐的讲习,他说:"乐者,乐也,人情之所必不免也,故人不能无乐。"(《荀子·乐论》)在音乐教学过程中,荀子很注意区分"正声"与"奸声",提倡正当健康的音乐,抵制庸俗低级的音乐。提出"乐中平则民和而不流,乐肃庄则民齐而不乱"(《荀子·乐论》)的观点,这些见解在今天亦给我们很多启发。

法家韩非子的教学理念与儒家风格迥异,强硬与果敢是其重要特点。《韩非子·显学》中有云:"夫圣人之治国,不恃人之为吾善也,而用其不得为非也。恃人之为吾善也,境内不什数;用人不得为非,一国可使齐。为治者用众而舍寡,故不务德而务法。"他教导学生治国不能仅靠人的自觉,应该利用法制来制约人的自私品质。这种强硬提法彰显了法家与众不同的教育理念,给中国的教育界提出了不一样的发展思路。

与法家的雷厉风行不同,道家崇尚行"不言之教"。庄子认为教育应该在一种超然的、绝对自由的境界中进行,在充分自由的教育中,学生才能感到轻松愉悦,达到学习的目的。这种顺其自然的教育思想又给我们的教育提供了全新的思考空间。

其他学派亦有自己独到的教学模式。总体来看,百家争鸣的时代,私学教育也是百花争艳。教育理念上,儒重自律,法崇他律,道尚自然,各派迥异的风格使私学得到繁荣。

二 百年树人

四大书院

书院是中国自宋代到清代的一种重要教学组织形式。唐末五代数十年间,"干戈兴,学校废,而礼仪衰"(《新五代史》),社会的动荡不安让许多读书人被迫穷居草野,无由显身。私人书院开始发展,白鹿洞书院、石鼓书院、嵩阳书院均兴建于此时。宋代统一海内,乱世渐平,文风日起,士子纷纷要求读书,但刚走出混乱的政府尚无精力顾及教育,无法兴办大量的学校。书院作为一种既满足读书人要求,又替政府分忧的教学形式非常适合当时的需要,在政府的鼓励下,私人创建书院的风气日渐兴盛。

历史上关于著名书院有很多种说法,像四大书院、六大书院、八大书院等。尤其以四大书院最为著名,所谓四大书院的称呼从宋代就开始流传,但是说法不一,大体上来看有两种说法:一为应天府书院(在今河南商丘)、岳麓书院(在今湖南长沙)、嵩阳书院(在今河南登封)、白鹿洞书院(在今江西九江);二为应天府书院、岳麓书院、石鼓书院(在今湖南衡阳)、白鹿洞书院。其中第二种说法流传较广。

应天府书院的前身为"南都学舍",为五代后晋时杨悫所创办。宋真宗正式赐额为"应天府书院"。不同于其他书院设立在山林乡间,应天府书院设立于繁华闹市之中。书院学生按照不同专长而入读各项分科,书院教学主张学以致用,提倡实地考察。名士晏殊、范仲淹等

应天府书院

人曾到此讲习，极大地提升了书院的影响力，范仲淹曾每天在书院中钻研学问，敦促学生们学习，为学生们讲课。由此四方从学者聚集于应天府书院，应天府书院逐渐发展为北宋最具影响力的书院，此后随着朝代的更迭，应天府书院的命运也跌宕起伏。明代张居正主政时期，令拆毁天下所有书院，应天府书院没能逃过此劫。书院虽不复存在，但书院留下的聚书授徒、讲习研学的风气却在民间流传下来。

岳麓书院

北宋开宝九年(976)，潭州太守朱洞在僧人办学的基础上，正式创立岳麓书院。宋真宗亲书"岳麓书院"匾额，在理学家张栻主教岳麓时期，以反对科举利禄之学、培养传道济民的人才为办学指导思想，培养出了一批如吴猎、赵方、游九言、陈琦等具备经世之才的优秀学生，使岳麓书院在教育和学术上的地位更加突出。1167年，理学大师朱熹来访，与张栻论学，两位理学大师的聚首，成就了著名的"朱张会讲"。因仰慕两位大师才学，前来聆听的士人络绎不绝，时人描绘"一时舆马之众，饮池水立涸"。这次会讲，是宋代理学和中国古代哲学的发展的重要契机，成为中国古代文化史上的一件盛事。1507年，阳明心学宗师王守仁来岳麓讲学，推动了岳麓书院又一个学术繁荣期的到来。随着书院的影响力增大，政府亦对书院的发展加以引导，1926年，经历无数沧桑的岳麓书院不断增容、调整，定名为湖南大学。

二 百年树人

石鼓书院创建于唐朝末年,但作为教育机构形成和兴盛则在两宋之间。宋太宗最早赐"石鼓书院"匾额,北宋李士真在石鼓书院内开堂讲学,广招弟子,使石鼓书院成为正式的书院。后来书院影响力不断扩大,宋仁宗再次赐额"石鼓书院"。受到两位皇帝的垂青,石鼓书院进入鼎盛时期。到明代,哲学家、教育家、书法家湛若水至书院讲论"体认"之学,理学家、教育家王守仁的传人邹守益亦来大倡"良知"之说。一时间,石鼓书院学风日盛。

石鼓书院

白鹿洞书院以其悠久的办学历史和深远的文化而名扬天下。北宋初年,宋太宗御赐《九经》等书于白鹿洞书院,因有朝廷重视,地方官吏也予以重视,白鹿洞书院得到初步发展。南宋时期,理学宗师朱熹率百官造访书院,当时书院经历了社会的波动,残垣断壁,杂草丛生,毫无书院的文化气息。朱熹非常惋惜,责令官员修复白鹿洞书院,并自任洞主,制定教规,延聘教师,招收生徒,划拨田产,苦心经营。当时著名的哲学家陆九渊也到白鹿洞书院讲过学。为加强书院管理,朱熹亲自制定《白鹿洞书院揭示》,其办学模式为后世效仿,甚至传至国外,白鹿洞书院因此享誉海外。

白鹿洞书院

书院历来是中国民间私学的重要载体,相对于官方办学,书院有着明显的特点:书院既是教学机构,又是科研机构,每个书院都有一名主持人,他既是管理者又是最高学术权威,书院内部教学、科研相得益彰。书院的教师有很强的流动性,当时的很多名士到此游学、论辩，使书院的学术交流风气浓厚，极大地提高了书院的学术水平。书院教学不是单纯灌输知识，而是更多地靠教师的人格魅力感染学生，因此师生关系融洽，感情深厚。朝廷的支持往往给书院教学以更大的发展后劲，书院带来巨大的社会影响力。正如马端临在《文献通考·学校考》中说："是时未有州县之学，先有乡党之学。……乡党之学，贤大夫留意斯文所建也，故前规后随，皆务兴起，后来所至，书院尤多。而其田土之赐，教养之规，往往过于州县学，盖皆欲仿四书院云。"可见书院在中国教育史上产生了深远的影响。

文化链接

大连的书院

清代大连地区学风日盛，复州和宁海县(今金州)于雍正十二年(1734)建儒学，乾隆年间又于两地建文庙，设学宫。乾隆三十八年(1773)和道光二十四年(1844)分别创建了辽南两大著名书院——南金书院和横山书院。

南金书院由宁海县知县雅尔善率诸士绅捐资在县学宫内建立，是大连地区第一所培养中、高级文士的书院，1815年曾改称明伦堂，1869年募捐重建。

南金书院现址

书院的课业分为两类，一类是"童生常课"，即未进秀才的文童来书院攻读四书五经和八股文，以老师授课为主；另一类是

"文生月课",由书院向考取生员的秀才们定期讲课,批改他们的文章和诗词,以备三年一度的乡试。书院在每月初二和十六举行考试,并按不同成绩划分等级,给予奖励。

1894年中日甲午战争爆发,书院停课。

南金书院是当时辽南地区弘扬儒学、培养人才的重要基地,每年汇聚往来于此读经习传、论道游学的文人学士络绎不绝。

横山书院是复州知州章鞠人倡议,地方士绅胡绍庭、刘祖尧共同创立的。因为复州城东的横山是当地最高的山峰,书院又是复州最高学府,所以取名横山书院。书院院址原来是道

横山书院现址

光年间复州城守尉顾尔马浑将军的府邸,经地方士绅资助募捐,在原址上建立了书院,咸丰年间重修。书院面积2516平方米,坐北朝南,两进院落,青砖灰墙,飞檐翘角。一进院为授课之所,二进院为师生食宿之处,门外东西两侧各置石狮一尊。

书院由州府学政(相当于教育局长)或吏目(相当于副县长)主持,并兼任书院山长(亦称院长),聘请各地知名文人任教,创办以来人才辈出。从1844年到1905年的六十多年间,登科人数近三百人,其中有清翰林、曾做过同治皇帝老师的辽东才子徐赓臣,徐退隐后又任书院主讲。

横山书院是辽南地区唯一保存下来的古代书院遗址,是辽宁省省级文物保护单位。

大连书院的兴起对本地人才的培养和文风的兴盛起到了重要作用,标志着当时大连地区的文化教育达到了一个新的高度。

私塾成长

如果说书院是私学教育的参天大树,那么私塾就是大树下的万千花丛。它们虽没有书院的学术水平与至高地位,却拥有书院所不具备的灵活多样的教学形式。

私塾是指中国古代私人设置的教学场所。《礼记·学记》提到:"古之教者,家有塾,党有庠,术有序,国有学。"私塾在春秋时期已经产生,但"私塾"一词到近代才有。古人称私塾为学塾、教馆、书房、书屋、乡塾、家塾等。私塾有的是塾师自己创办的教育机构,也有的是高官、富商聘请塾师而建的,还有用祠堂、庙宇等兴办的义塾。总之私塾的形式多样,类型五彩纷呈。

私塾的教师多为落第的秀才或老童生,整体学术水平不高。学生的来源更是参差不齐:论年龄,既有五六岁的儿童,也有二十出头的青年;论出身,既有官员富商子弟,也有农夫商贩之后;论人数,多则三四十人,少则一两人。可以说,私塾才更好地践行了孔子所提倡的"有教无类"的思想。

私塾

私塾的教学形式更是灵活多样。学制可长可短,既可长时间教学,以便培养有文化的士人,亦可短时间培养，为学生传授基本的文化知识。因教学目标定位较低，教学内容选择上也就相对浅显，南宋项安世《项氏家说》记载："古人教童子，多用韵语，如今《蒙求》《千字文》《太公家教》《三字训》之类，欲其易记也。"陆游说："农家十月，乃遣子入学。所读《杂字》《百家姓》之类，谓之村书。"可见当时的私塾教材多是早有流传的《蒙求》《千字文》《太公家教》《三字训》《百家姓》等，使用最为普遍的则是流传最久远的《三字经》《百家姓》《千字文》三本书。私塾历来实行个别教学，教学组织一般不采用班级制，而是在总的教学规划下，根据学生个性安排进度。塾师根据不同人的学习基础、接受能力安排课程，很好地贯彻了因材施教的原则。私塾对学生背书的要求特别高，读书、背书是私塾学生的主要活动，清代杭州城内著名的宗文义塾在条规中要求学生"每日读生书，朗读百遍"。

私塾教育大多限于教育的初级阶段，私塾教师水平参差不齐，教师的旨趣也有很大不同，有的是"不屑仕进""耻事权贵"；有的是"不与时俯仰"，从而隐居教授；有的是当朝士大夫以"传道授业"为己任；更多的是屡试不第，为养家糊口而"教授乡里"。虽如此，但私塾教育作为乡间启蒙教育的基本形式，两千多年间，与官学、书院相辅相成，在文化传承与人才培养方面仍然发挥了巨大作用。

"老师"称谓

"老师"一词在今天被广泛使用，有些时候是对能给自己指点迷津的人的尊称，更多的是指从事教育教学工作的专职人员。但是"老师"这一称谓的演变却并非如此简单。

"师"字最初并无教育含义。春秋战国时期，诸侯争霸，百家争鸣，专门化的教育职业开始出现，"师"字才逐渐有了教育的内涵。例如《国语·晋语》中提到："纳谏不忘其师，言身不失其友，事君不援而进，不阿而退。"此时拜师求学之风日盛，尊敬老师成了一种道德风尚，"师"有了明确的教育含义。"老"字最初泛指年老辈尊，也与"师"无直接联系。到了唐代，随着佛教在中国的广泛传播，为了尊称那些德高望重的高僧，将"老"与"师"结合，开始出现"老师"这个概念。但此时的"老师"还不是专门的教育人员。直到金代，文学家元好问《示侄孙伯安》提到："伯安入小学，颖悟非凡貌。属句有夙性，说字惊老师。""老师"一词开始与现代的用法接近，指的是对教师的尊称。明清之际，"老师"的"老"字失去了年龄的含义，只保留了道德高尚、学识渊博的含义。

"老师"的称谓经历了长期的演变，才形成了今天我们所熟知的概念，但老师传道、授业、解惑的职能与诲人不倦的责任却一直延续至今。

知识名片

万世师表

孔子作为中国教育的代表人物，在历史上有着举足轻重的地位，被誉为"万世师表"。《三国志·魏书·文帝纪》记载："昔仲尼资大圣之才，怀帝王之器，……可谓命世之大圣，亿载之师表者也。"为激励世人，彰显孔子地位，康熙皇帝亲自撰写楷书的匾额"万世师表"，并下诏悬挂于孔庙大成殿梁之上，称颂孔子在中国思想文化界的价值。

千年科举

> 科举制从隋朝初创一直到清代废除,共历时一千三百余年。它开考试录用人才制度之先河,是清末之前中国教育的指挥棒,对中华文化影响深远。

进士科

进士科是科举考试的一个科目。科举考试出现之前,中国的用人制度中无论是依赖血缘的世卿世禄制,还是仰仗推荐的察举征辟制和九品中正制,都存在重大缺陷。隋朝开始尝试用分科考试的方式选拔人才。根据史料记载,大业三年(607)隋炀帝下诏以十科举人,其中"学业优敏,文才秀美"一项就是后来的进士科。进士科的出现成为科举考试诞生的标志。此后朝代不断加以完善。

科举考试名目繁多,不同时期其科目的设置也不尽相同。以唐朝为例,总体上分为常科与制科。常科,即是常设的、固定日期考试的科目。具体包括秀才、明经、进士、俊士、明法、明字、明算等多种。制科,是指非常设的考试科目,又称为大科、特科,是皇帝根据特殊需要临时下诏安排的考试,具体科目与时间都不固定,目的是征召特殊人才。除此之外,还有机会甚少的恩科,即为庆祝皇室重大节日而开设的考试,出现概率很低。

但是，众多的科举科目并非是平等的，其中进士科是地位最高的。例如同处常科中的明经科与进士科在地位上就有着天壤之别。明经科主要考查学生对儒学经典的理解与记忆，内容相对简单，而且录取率极高。所以一度最受学子们重视，但正是因为相对容易，其含金量不断下降，到了宋代王安石执政时期，认为明经科已无意义，将其废除。而进士科考试的难度大，录取率低，录取后的前景广阔，仕途光明，唐中后期的宰相半数是进士出身，所以进士科逐渐成为读书人入仕的首选途径。

进士科初创之时，考试要求相对简单，能做到"文采秀美"即达要求。唐代国运较长，政治稳定，经济繁荣，科举制在这个时代获得较快发展。唐朝初期，进士科考试内容是时务策五道，后来增加帖经，也就是说考五个关于时事政治的论述题，另加一道考查对儒学经典的掌握情况的试题。后来又增加了杂文两篇（一诗一赋），对学生的文学素养提出了更高的要求。这一变化说明唐代诗歌的兴盛已经影响到人才选拔，反过来，这一政策又促进诗歌的进一步发展。

因科举放榜之时，榜上题名有甲乙次第，所以进士科应试中选一般被称为"进士及第"。学子们十年寒窗，一旦及第，可谓是一步登天，获得无限荣耀。当时人称进士及第为"登龙门"，意思是说经过这道关卡，"鱼"也可以成为"龙"，身价骤增百倍。为彰显荣耀，唐代新科进士要到杏园去举行宴会，称为"杏园宴""探花宴"，还要大会于曲江亭，游览各处名胜。皇

科举放榜

二 百年树人

帝也要亲登紫云楼,垂帘观望,文武公卿亦同往庆贺。会后,进士们要到大雁塔提笔留名,称为"题名会"。因此,进士及第与否严重影响着学子的心态。唐代诗人孟郊曾经历科举的大起大落,他的《落第》《登科后》两首诗很好地反映出这种心理的落差。《落第》:"晓月难为光,愁人难为肠。谁言春物荣,岂见叶上霜。雕鹗失势病,鹪鹩假翼翔。弃置复弃置,情如刀刃伤。"《登科后》:"昔日龌龊不足夸,今朝放荡思无涯。春风得意马蹄疾,一日看尽长安花。"

进士及第后除了春风得意的心态之外,更重要的是与之俱来的功名利禄。在唐代,进士及第后,往往被授予校书郎、秘书郎之职,以后逐步升迁到翰林院、大学士,甚至宰相。

进士科给读书人提供了获得物质、精神双丰收的机会,极大地激发了读书人的学习热情。很多人从少年一直考到老年,甚至有些人老死在考场之上亦无所恨。同时,进士科极大地影响了当时的社会风气,读书、习文、作诗、写赋等蔚然成风,成为推动中国古代文化繁荣的重要力量。不过,随着时代的发展,进士科逐渐挤压了其他科的生存空间,进士科的考试范围越来越狭窄,考试样式也越来越僵化,这些变化都给中国社会的进步带来很大的阻力。

 **文化链接**

科举中的反作弊措施

因科举的利益诱惑巨大,找替身、买通考官等作弊现象屡禁不止。为保证公平,历朝历代均非常重视科举保密工作,严厉打去作弊现象。试卷弥封制就是这种情况下的产物。弥封制指在考生试卷上填写姓名的地方折角或盖纸糊住，避免被考官识别，以防止舞弊。此法最初较有效地防止了作弊，但在实行不久后，又发现有考官指示考生在试卷上暗做记号的现象，有的考官还可以辨认考生的字迹。后来朝廷就将考生的试卷另行誊录，专门派书吏将试卷抄成副本，考官评卷时只能看到副本。试卷弥封、誊写法的实行，使考官判卷时摆脱了相关因素的干扰，应举者考试成绩的优劣实现了"一决于文字"，有了一个比较客观的标准。从此，权贵子弟与平民子弟在考试录取上处于同一起跑线，这是教育公平的一大进步。

乡试、会试、殿试

进士及第固然能使人春风得意，但是这种收获却来之不易，除了要十多年甚至终身的寒窗苦读之外，还要在科举场上过五关斩六将。

科举考试的程序经历过多次演变。最初比较简单，学子通过考试即可被授予官职，但是随着时代的演进，科举制的程序也愈加复杂。到明清之际，学子要想在科举考试中脱颖而出，则需要经过多道门槛。

首先是童试。童试不是正式的科举考试程序，而是参加科举考试的资格考试。清代的童试三年举行两次，分为县试、府试和院试三个阶段。县试由本县的知县主持，考察八股文、诗赋、策论等，考试合格方能参加府试。府试由知州主持，与县试大同小异，府试通过后的院试由省一级主管教育的官员主持，考试合格后成为

二 百年树人

"秀才"或者"生员"。读书人考中秀才后可谓略有小成。秀才可以进一步考取举人，只要考中就有资格做官，进入士大夫阶层。就算考不中，也可以回乡创办私塾。秀才虽无资格领取国家俸禄，但是已经有了一些特权，他们可以免除赋税徭役，甚至有直接给县官提建议的机会。秀才可谓进退有据，因此很多读书人在考取秀才之后就有了放松的心态。

经过这三次资格考试后，科举考试正式开始。

第一关：乡试。

乡试并不是在自己家乡举行的小型考试，而是一般在省城甚至京城举行，每三年才考一次，当然个别幸运的时候能遇到恩科，那就另当别论了。考试时间一般安排在八月，所以又称为"秋闱"。考试由皇帝亲自任命的正副考官主持，秀才、国子监学生均有资格参加考试。考试分三场，每场考三天，分别考四书五经、策问、诗赋。在录取方面与今天的高考类似，考生只与本省的考生对比排序，考中者称为举人。

在明清之前，举人身份并不高贵，而且不固定。假如本次乡试考中，获得举人资格，结果后面的会试没有通过，下次会试之前还要先再次通过乡试，重新获得参加会试的资格。到明清之际，举人地位提升，身份实行终身制，举人已经具备了做官的资格，只要相应官职出现空缺，举人即可替补出任。举人出任的官职一般是知县等低级官职，但举人毕竟已经脱掉了平民的身份，成为举人也成了古代读书人成功的重要标志。

第二关：会试。

在成功跨过乡试门槛后的第二年，学子们将面临科举考试的第二次大考——会试。会试安排在乡试后的第二年春天，一般称之为"春闱""礼闱"。举人以及国子监的监生均有资格参加考试，考试模式与乡试大同小异，但是会试是一场全国性的考试，考生需要与来自全国的高手竞争，考中者成为贡士，贡士第一名称为会元。

最后一关：殿试。

殿试本来不是一级正式考试，宋太祖赵匡胤鉴于唐末的考试结党之弊，在前两级考试之后增加一次自己亲自主持的考试，以免考官借考试之名结党营私。殿试程序较为简单，由通过会试的贡士参加考试，由皇帝亲自出题，一般只考一题，考的是对策，为期一天。殿试只是将贡士升级为进士，并由皇帝亲自为进士排名。殿试排名一般源自皇帝的个人判断，所以对考生来说，除了拥有才学之外，偶然性也是存在的。从北宋开始，殿试作为科举考试的最高一级，成为常制。

在殿试之后，大家关注的主要是三个人，也就是殿试三甲中的一甲：状元、榜眼、探花，其中尤以状元最引人关注。状元，也就是状元及第之人，是读书人的最高成就，自古有"天上麒麟子，人间状元郎"的说法，状元因此成了读书人"一朝成名天下知"的象征。

"状元及第"匾额

八股取士

自隋朝开始的科举考试冲击任人唯亲的用人流弊，极大地激发了士人参与政治的热情，唐太宗曾感慨："天下英雄尽入吾彀中矣！"但英雄之所以称为英雄，除了拥有强大的能力之外，还要有独到的见解，是

二 百年树人

拥有独立思想的人。这些人如能尽心辅佐皇帝治国安邦自然再好不过,但倘若他们与皇帝作对,甚至对皇位有觊觎之心,那皇帝可要面对能够在科举考试中过五关斩六将的旷世奇才了,面对这种挑战,不是每一个皇帝都有胜算。所以,皇帝要随时关注手下这批英雄的动向,只要他们稍有非分之想,皇帝将采取严厉手段,因此历史上鸟尽弓藏、兔死狗烹的悲剧层出不穷。与其枕戈待旦地加以防备不如从源头解决,因而明清之际的皇帝在选人的策略上进行了调整,用八股取士选拔官吏,希望让这些人从思想深处就不会叛逆,永远做皇帝的奴才。可以说,八股取士是皇权专制加强的必然结果。

八股文始于宋代,但明代之前的科举并不严格要求写八股文。明代成化年间,科举制发生变化,考试文体以八股文为主,《明史》记载:"科目者,沿唐、宋之旧,而稍变其试士之法,专取四子书及《易》《书》《诗》《春秋》《礼记》五经命题试士。盖太祖与刘基所定。其文略仿宋经义,然代古人语气为之,体用排偶,谓之八股,通谓之制义。"清初学者顾炎武曾介绍八股文的源头及其发展:"'经义之文',流俗谓之'八股',盖始于成化以后。股者,对偶之名也。……成化二十三年,会试《乐天者保天下》文,起讲先提三句,即讲'乐天'四股,中间过接四句,复讲'保天下'四股,复收四句,再作大结。……每四

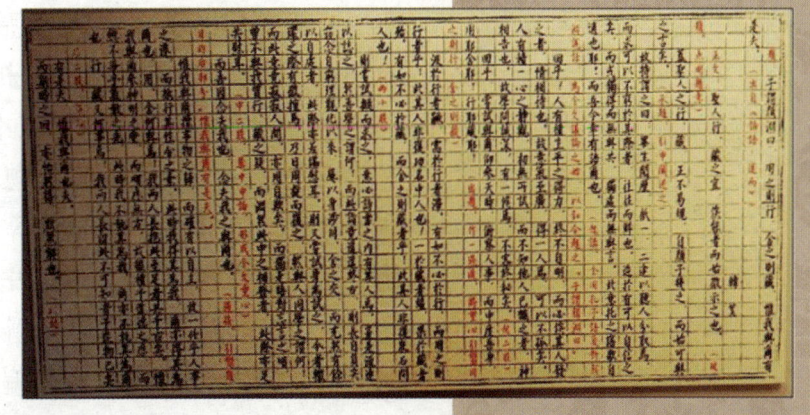

八股文

股之中，一反一正，一虚一实，一浅一深。……故今人相传，谓之'八股'。"

八股文每篇文章均有固定的格式、字数要求，由破题、承题、起讲、入手、起股、中股、后股、束股八部分组成。破题是用两句话将题目的意义破开，承题是承接破题的意义而说明之。起讲为议论的开始，首二字用"意谓""若曰""以为""且夫""尝思"等开端。入手为起讲后入手之处。起股、中股、后股、束股才是正式议论，以中股为全篇重心。在这四股中，每股又都有两股排比对偶的文字，合共八股，故名八股文。八股取士考试题目主要摘自四书五经，所论内容主要据宋代理学家朱熹的《四书章句集注》，不得自由发挥。

八股文禁锢了文人思想，败坏了学风。清人徐大椿的《道情·时文叹》将八股文分析得非常透彻："读书人，最不济。背时文，烂如泥。国家本为求才计，谁知道变做了欺人技。三句承题，两句破题。摇头摆尾，便道是圣门高第。可知道三通、四史是何等文章？汉祖、唐宗是哪一朝皇帝？案头放高头讲章，店里买新科利器。读得来肩背高低，口角唏嘘。甘蔗渣儿嚼了又嚼，有何滋味？辜负光阴，白白昏迷一世。就教他骗得高官，也是百姓、朝廷的晦气！"

八股文固然危害颇多，我们今天也更多地看到了它的这个方面，但八股文并非一无是处。首先，八股文以儒家经史为依托，伴随八股的兴起，儒家伦理道德得到更广泛的传播，传统文化在潜移默化中扩大了影响。其次，八股文要求作者作文言简意赅，对于拖沓的文风形成巨大冲击，对今天还是有一定借鉴意义的。

武 举

文无第一,武无第二。相对于争议颇多、主观性极强的文科类科举,武举有着更令人信服的信誉。

武举首创于武则天时期,武则天曾说:"朕闻文武之道,凭经纬而开国,春秋之功,藉生杀而成岁。……可令文武内外官五品及七品以上,清官及外官刺史都督等,于当管部内,即令具举。且十室之邑,忠信尚存;三人同行,我师犹在。会须搜访,不得称无。荐若不虚,自从褒异之典;举非其士,岂漏贬责之科。所司明为条例,布告远近,知朕意焉。"武举由此诞生。唐代的武举考试比较注重体力与兵器的运用,对文化水平要求不高。

武举考试器材

宋代将武举发扬光大。首先,宋代武举有了殿试,与文科科举受同等待遇。殿试也由皇帝亲试,考试基本上只是一个形式,目的是显示皇帝的恩典。武状元是根据考生的成绩与皇帝的好恶而产生的。宋代的武举不仅仅关注身体素质方面,对于参试者的思考能力也有更高的要求。武举既考武艺,又考策论。策论先考策问,后考《武经七书》。其目的是求得能征善战的儒将甚至运筹帷幄的帅才,而不是仅选拔勇猛的急先锋。其结果是宋朝的武进士与武状元的整体文化素质较高。

武举是中国古代武官选拔方式的重大创举,从唐代武则天时期初创,至宋代臻于完备,直到光绪年间废止。延续上千年的武举对巩固中央集权、维护国家统一和社会安定起了很多积极作用。不过，武举人也有自己的尴尬，在大多数朝代，和平时期的武将多是由世袭而来的，武举人无军队的带兵经验，及第后往往不能直接授予官职，战争时期虽能靠自己的能力获得擢升，但是武举人不见得就一定能在战场上出类拔萃，毕竟战争与考试还是不一样的。总体而言，武举地位低于文举，所以历史上很多武举人为了自身发展，武举之后还继续参加文科科举。

二 百年树人

新式学堂

传统教育的灿烂映射出中国农耕文明的繁荣。步入近代之后,中华文明面临着西方工业文明的挑战,教育也因此绽放出新的光彩。

洋务学堂

鸦片战争的隆隆炮响没有惊醒美梦中的中国,社会上只有魏源、徐继畬等人在用自己微弱的声音呐喊着新时代已经到来。但是圆明园的硝烟的确惊醒了一大批中国人,特别是当权者。《北京条约》签订后,恭亲王奕䜣、大学士桂良、户部左侍郎文祥奏文:"就今日之势论之,发捻交乘,心腹之害也。俄国壤地相接,有蚕食上国之志,肘腋之患也。英国志在通商,暴虐无人理,不为限制,则无以自立,肢体之患也。故灭发捻为先,治俄次之,治英又次之。"在这种认识指导下,以恭亲王奕䜣为代表的当权派痛定思痛,意欲图强,"自强""求富"的洋务运动轰轰烈烈地开展起来。

办洋务,学西方,必然要先有了解西方之人。为配合洋务运动,中国教育界出现了一些学习"西学"的学校,它们就是完全不同于传统学校的洋务学堂。洋务学堂包含三大类:"方言"(外国语)学堂、技术学堂、军事学堂。

京师同文馆旧址

　　第二次鸦片战争后，洋人势力已经大量渗入清王朝中心。1861年，总理各国事务衙门在北京设立，专事对洋事务，恭亲王奕䜣为培养通晓外语的洋务人才，正式奏请朝廷培养翻译人员。第二年，在英国人的协助下，清政府在北京正式设立同文馆，作为北京总理各国事务衙门的附属机构，培养外语翻译人才。京师同文馆是洋务派创建的一所新式学堂，是清末设立的第一个官办外语学校。同文馆最初只有英文等班，招收十三四岁以下的八旗子弟，后来为满足对外事务扩大的需要，同文馆积极扩招。学习期限最初定为三年，除汉文由中国人任教外，其他课程多为外国人担任。同文馆名为国办语言专科学校，但实际上被外国人操纵，总税务司英国人赫德实际操纵着经费、人事和教学计划，美国传教士丁韪良任总教习长达二十余年，总管教务。但京师同文馆着实为洋务运动提供了大量外语人才。京师同文馆在教学上的巨大成功使得洋务派对这种教育方式充满信心，在李鸿章等人的鼓动下，仿照京师同文馆，在上海、广州创设学习外语的学馆，称"上海同文馆"与"广州同文馆"，选拔聪明颖慧的儿童入馆学习外语，以满足地方洋务之用。

　　鉴于中国武器落后的现状，洋务派在办语言学校之余，还积极兴办学习西方制造技术与基础理论的技术类学堂。1866年奕䜣上书"因思洋人制造机器、火器等件，以及行船、行军，无一不自天文、算学中来"，申请在京师同文馆开设天文、算学等技术学科，京师同文馆也超出了语言专科学校的范畴，成为一个兼顾语言与自然科学的综合性学堂。为配合海军建设，1866年左宗棠在福州设立福建船政学堂，在沈葆桢的苦心经营下，船政学堂培养出了中国第一批船舶制造与修理方面的工程技术人才，他们成为后来中国海军的技术骨干。1867年李鸿章在上海开设了机器学堂，大量培养新式机械制造、操作人才。

洋人多是漂洋过海而来重创清帝国，所以要保卫大清必先要保卫大海的理念深入洋务人士内心，"整顿陆营则内患不作，整顿水师则外寇不兴"，洋务派对于海军建设热情高涨。为配合海军建设，洋务派兴办了大量军事学堂，1881年李鸿章在天津建立的天津水师学堂，堪称中国最早的军事专科学校，专为北洋海军培养管驾人才。1885年后，天津武备学堂、陕西武备学堂、直隶武备学堂等军事学堂纷纷建立。1887年和1890年，广东黄埔水师学堂和江南水师学堂建立。1893年，李鸿章在天津创办军医学堂，成为中国人自设西洋医学的开端。

留学生

洋务运动人士除了自办学堂之外，自忖仅靠自己办学无法培养最优秀的人才，于是洋务派开了中国公费留学的先河，他们派遣大量留学生到西方学习军事、技术与自然科学。

在留学大潮中，容闳率一百二十名幼童留美的事件最为著名。1854年容闳从耶鲁大学毕业，获学士学位，旋即回国。中国的腐败现状触发了他的爱国之情，于是他决心将"以西方之学术，灌输于中国，使中国日趋于文明富强之境"。1870年他向洋务派首领曾国藩

容闳

建议派留学生赴美，开创留学教育。1872年曾国藩、李鸿章联合上《奏选派幼童赴美肄业办理章程折》，得到清廷批准，决定将一百二十人分作四批，由陈兰彬、容闳任留学生正、副监督，筹办出国事宜。

1872年容闳带三十名幼童西渡赴美，这是中国官派留学生的开始。此后1873年、1874年、1875年各派三十名留学生出国。计划这些学童在国外学习十五年，十五年后，每年回国三十人。

派遣幼童出国留学遇到的第一个困难是招生问题。在社会封闭的大环境下，无人愿意将孩子送到国外。有人向容闳建议到广东等国人习惯出海的地方招收学员，在当地官员苦口婆心的劝说下，终于有些穷苦人家同意将孩子送到海外。但是为防止纷争，官府还是要求家长签字画押，写下了孩子的"卖身契"。在这些留学生中就有后来著名的工程师詹天佑，在他出国前，他父亲就为他签下了名叫"甘结"的卖身契，这反映出当时国人对出国留学这一新事物极其不适应的心理状态。

詹天佑

文化链接

詹天佑的"甘结"

孩子出国留学需要家长认可，詹天佑出国前，其父詹兴洪写下了"甘结"书：

具结人：詹兴洪

今与具结事，兹有子天佑情愿赴宪局带往花旗国肄业，学习机艺，回来之日，听从中国派遣，不得在外国逗留生理，倘有疾病生死，各安天命，此结是实。

二 百年树人

> 童男，詹天佑，年十二岁，身中面圆白，徽州婺源县人氏。曾祖文贤，祖世鸾，父兴洪。
>
> 　　　　同治年十一年三月十五日　　詹兴洪亲笔画押
>
> 这份"甘结"实际上就是一份卖身契，反映了此时国人对留学国外的忐忑之情。

到达美国后，为了让孩童尽快适应新生活，这些留学生往往被安排在美国人家中，两人一组，等过了语言关后，便送他们到当地的各级学校就读。留美学生的学习内容庞杂，规定在国外除学习军政、船政、步算、制造学之外，还要学习中国传统的《孝经》、小学、"五经"及《国朝律例》等。每逢节日，要由监督召集学生，宣讲《圣谕广训》，加强思想教育，在重大节日和朔望等日要望阙（指对着清朝皇宫所在方向）行跪拜礼，还要瞻拜孔子神像。这些学生学习刻苦勤奋，成绩优秀，曾得到了耶鲁大学校长的表扬："贵国派遣之青年学生，自抵美以来，人人能善用其光阴，以研究学术。以故于各种科学之进步。成绩极佳。即文学、品行、技术，以及平日与美人往来一切之交际，亦咸能令人满意无间言。"

但令人惋惜的是，因这些幼童从小接触美式生活，对中国的文化不是很在意，这引起了保守的当权者的不满。1881年，时任中国驻美国公使陈兰彬上奏朝廷："外洋风俗，流弊多端，各学生腹少儒书，德性未坚，尚未究彼技能，实易沾其恶习。"于是赴美留学生被分批撤回国内，学业未成，半途而废，着实遗憾。

在派遣留美幼童的同时，洋务派又奏遣留学英、法等欧洲诸国的学生。1873年，左宗棠上书总理衙门建议遣人游学欧洲各国。沈葆桢提出了选派船政学堂学生留学的具体办法：从学堂挑选有根基的学生分赴法、英，学习造船、驾驶技术以及西方近代军事理论，留学三至五年，学成回国后或上船入厂，或接充教习。1875年开始派出第一批计五人到英、法等国学习。1877年李鸿章奏遣留学生赴英国学水师兵法，赴法国学造船技术。同年3月，清政府派监督李凤苞、日意格及随员马建忠等人带领船政学堂三十名学生，分赴法国、英国、西班牙等国学习，以后又陆续多次派学生留学欧洲。据统计，到1897年，共派遣留欧学生六批计约一百三十人赴英、法等国学习，其中绝大多数是福建船政学堂学生。这些留欧学生不同于留美儿童，他们都是二十岁左右的青年，在学习期间非常刻苦，有着很强的爱国心。后来水师中的刘步蟾、林泰曾等优秀将官均出自到英国学习驾驶的学员中，到法国学习制造的学生回国后也都达到了总监工的水准。

洋务派为实现"师夷长技以自强"的梦想而开中国公费留学生的先河，虽然其中有很多遗憾，但此举给中国社会带来深刻变化。此后，留学成为一种潮流，留日学生、留美学生、留欧学生接踵而至，一批新式人才脱颖而出，登上中国历史的舞台，成为中国工业、军事现代化的领军人物。留学生带回国的不仅仅是技术，也有先进的西方文化，这些都促进了旧教育、旧体制的解体。正如马克思在《中国革命和欧洲革命》中所说："与外界完全隔绝曾是保存旧中国的首要条件，而当这种隔绝状态在英国的努力之下被暴力所打破的时候，接踵而至的必然是解体的过程，正如小心保存在密闭棺材里的木乃伊一接触新鲜空气便必然要解体一样。"中国因留学之门的打开,呼吸到了时代的新空气。

京师大学堂

甲午战争后,有感于洋务运动的不足,国人开始思索中国更深层次的缺陷,催生了戊戌变法运动。先进的中国人意识到"变法之本,在育人才,人才之兴,在开学校,学校之立,在变科举"(梁启超《变法通议》),基于这些认识,在这场悲壮的改革运动中诞生了全新的学校——京师大学堂。

京师大学堂旧址

1896年,刑部左侍郎李端棻在给清政府的《请推广学校折》中,第一次正式提议设立"京师大学"。1898年初,随着维新变法运动日益发展,康有为在《应诏统筹全局折》中再次提出:"自京师立大学,各省立高等中学,各府县立中小学及专门学。"1898年6月11日,在康有为、梁启超的推动下,清光绪帝颁布《明定国是诏》,宣布变法。诏书中强调:"京师大学堂为各行省之倡,尤应首先举办。"1898年7月3日,光绪帝正式批准设立京师大学堂,由孙家鼐主持在北京创立,许景澄任中学总教习,美国传教士丁韪良任西学总教习。1898年11月,京师大学堂正式开学。梁启超为大学堂起草了一份《京师大学堂章程》,此章程共分八章,其中办学方针两条:"一曰中西并重,观其会通,无得偏废;二曰以西文为学堂之一门,不以西文为学堂之全体,以西文为西学发凡,不以西文为西学究竟。"这个章程是京师大学堂的第一个章程,也是中国近代高等教育的最早的学制纲要。

京师大学堂的课程设置分普通学和专门学两大类。普通学是学生的必修课,专门学属于选修课,每人可选一门或两门。普通学包括经学、理学、中外掌故学、诸子学、初级算学、初级格致学、初级政治学、初级地理学、文学、体操十种。为了便于修习国外的先进技术,学生必须从英、法、俄、德、日五种外语中选习一种,与普通学同时学习。专门学设置了高等算学、高等政治学、高等格致学、高等地理学、农学、矿学、工程学、商学、兵学、卫生学十种。学生学完普通学后,要选一门或两门专门学继续学习。

京师大学堂建立之初,并没有立即实现所有设想。维新变法时期仅设仕学院,学生不足百人,全是五至八品的官员和举人授课,课程中"中学"竟占了三分之二。当时学生要想获得前途还须参加科举考试,所以每逢科举,学生纷纷告假赴考,把大学堂当作准备举业的场所,京师大学堂难以发展。直到1912年,情况才发生变化。拥有"中国最高学府"与"中国最高教育行政机关"头衔的京师大学堂逐渐将目光集中于学术研究与具体教学工作,并改名为北京大学。同时著名启蒙思想家、翻译家、教育家严复担任北京大学第一任校长,给学校的发展带来全新的动力。此时的北京大学有黄侃、辜鸿

二 百年树人

铭、钱玄同、马叙伦、陶孟和、冯祖荀、何育杰、俞同奎等名家在任教。1916年,蔡元培受命担任北京大学校长,他支持新文化运动,提倡学术研究,主张"思想自由,兼容并包",实行教授治校,北京大学获得新生,成为我国最著名的综合性大学。

文化链接

科举制的废除

1901年9月清廷实行"新政"后,各地封疆大吏纷纷上奏,重提改革科举,1904年,清廷颁布《奏定学堂章程》,此时,科举考试已改八股为策论,但尚未废除。因科举为利禄所在,人们趋之若鹜,新式学校难以发展。1905年9月2日,袁世凯、张之洞奏请立停科举,以便推广学堂,咸趋实学。清廷诏准自1906年开始,所有乡、会试一律停止,各省岁科考试亦即停止。至此,自隋唐兴起,延续了一千三百余年的科举制度最终被废除,学校教育也摆脱了科举取士的羁绊,开始了发展的新篇章。

国立西南联合大学

民族贫弱,致使中国的教育事业面临重重困难,但即使强敌入境,也打不垮中国人的治学精神。1937年7月,日本发动全面侵华战争,华北沦陷,真正出现了"安不得一张平静书桌"的局面。肩负培养国家人才重任、汇聚中国学术精英的北京大学、清华大学、南开大学被迫南迁长沙,后再迁昆明。在漂泊过程中,三大名校成

刚毅坚卓

国立西南联合大学校训

立国立西南联合大学(以下简称西南联大),在西南边陲创造了一个又一个教育奇迹。

西南联大在管理上主要依靠两个机构,一是校务委员会,二是教授会。校务委员会是行政管理机构。西南联大由梅贻琦校长负责管理,实行"校长负责制",西南联大校务委员会下属的职能部门全部由知名教授负责,专业水平颇高。教授会是一个咨询机构,负责为学校发展出谋划策,虽然没有实际权力,但其成员均为教授,因而威望颇高,对学校的发展有很大的影响力。西南联大在内部设置了五个学院、二十六个系,另外专门设置了先修班和体育部。

西南联大最初靠租借校舍维持生存。1938年,学校开始兴建新校舍,到1939年4月,西南联大新校舍落成,有学生宿舍三十六栋,教室、办公室、实验室五十六栋,食堂二栋,图书馆一栋。大量校舍的完工为西南联大的发展打下了坚实的物质基础。

不过,真正推动学校进步的是在校任教的无私付出的教育者。梅贻琦校长曾说:"所谓大学者,非谓有大楼之谓也,有大师之谓也。"西南联大兼采北大、清华、南开三校的优势,集合了三校中学贯中西的著名学者,可谓大师云集、群星璀璨。这些教师虽来自不同的学校,属于不同的学术流派,有不同的出身、特长及学术风格,但都有着共同的师道尊严与奉献精神。在西南联大八年的历史中,前后任教的教授有朱自清、闻一多等泰斗级、专家级学者三百余人。他们务实的作风、严谨的态度、刻苦的精神、高超的学术水平,影响着每个西南联大学子,推动着学校不断进步。

西南联大诞生于乱世,成长于战火之中。但西南联大的师生们在国难当头之际和衷共济,坚持发展教育

二 百年树人

事业,开创了古今中外教育史上联合办学之先河。八年中,在西南联大就读的学生有八千人,毕业生三千三百多人。在这些学生中,有很多我们耳熟能详的著名人物,很多人在后来的工作岗位上成为出类拔萃的人才,成为新中国各条建设战线上的骨干力量。其中有多位联大的学生获得了"两弹一星"功勋奖章;两院院士中西南联大师生有百余人;还有多人获得国家最高科技奖;获"诺贝尔奖"的杨振宁、李政道也曾就读于西南联大。

抗战胜利后,原来的三所名校陆续迁回原址,西南联大解散,但西南联大的履历与精神至今仍在中国教育史上绽放着光芒。

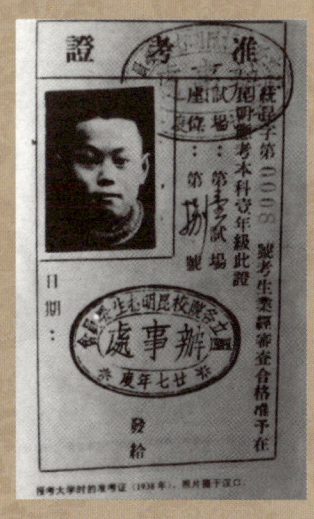

杨振宁入学考试准考证

文化链接

满江红·西南联大校歌

万里长征,辞却了五朝宫阙,暂驻足衡山湘水,又成别离。绝徼移栽桢干质,九州遍洒黎元血。尽笳吹、弦诵在山城,情弥切。

千秋耻,终当雪。中兴业,须人杰。便一成三户,壮怀难折。多难殷忧新国运,动心忍性希前哲。待驱除仇寇,复神京,还燕碣。

抵制帝国主义文化侵略的大连新式学堂

俄、日帝国主义对大连殖民统治长达半个世纪,大力推行殖民文化和奴化教育,千方百计地限制中华民族的发展,限制中国人办学,大连人民冲破了殖民当局的种种限制,办起了许多新式学堂。

1894年,中日甲午战争爆发,金州南金书院停课。1900年,俄国占领金州,另建俄清学校。1904年,金州名绅刘心田等人组成南金书院校友会,向各界募捐,在俄清学校的校址上创办了南金书院民立小学堂,以延续中华民族的文化传统。

1906年,复州州官曹祖培效法西欧,改横山书院为横山学堂。1913年废州立县,学堂易名为复县中师学校,即中学和师范合校,课程是新式的国文、英文、历史、地理、数学、物理、化学等。

1910年,出生于大连营城子西小磨子村的光绪年间贡生、辽东名儒乔德秀在家乡创办了金州私立西小磨子公育两等小学校,自任校长并授课,奉天省行政公署为其备案,颁发印章,以示对他办学的奖励和支持。为了坚持民族传统和学校特色,乔德秀特意在校名之前冠以"金州"两字,校名采用国内惯用的"公育两等小学校",以区别于殖民当局的"关东都督府""关东州""公学堂""普通学堂"的名称,表示该校的主权是中国的,是为中国学生服务的,不向奴化教育屈服。在治校方面,采用东西方最新的办学章程,受到社会各界的赞许,办学不到一年,从四乡前来就读的学生就有百余人。1913年,因为办校宗旨和教学内容违反了日本殖民当局的"教育法",学校被迫停办。

与此同时,旅顺日本殖民当局强令撤并中国人办的学校,将其改为日本人掌管的公学堂,强令学生改学日语,旅顺人民为使子弟不忘故国文化,成立了半日制私塾,为在公学堂的学生补学中国文化。

1911年,庄河创办了庄河厅中学堂,1913年庄河人宋良忱接任已经改名为庄河县立中学的校长,广揽

二 百年树人

国内师资人才，改革教学设施，在学生中成立了自治会。学生自治会创办校刊，举行讲演会，开办平民夜校，由学生担任夜校教师，帮助街民学习文化知识。1932年伪满洲国奉天文教部编写了一套新教材，庄河中学在宋良忱的抵制和反对下，教材更换事宜一拖再拖，直到 1935 年，历史、地理、英语、国文教材仍继续使用中华书局或商务印书馆翻印的旧本。

"五四"运动以后，大连兴起中国人办学的高潮。其中有傅立鱼等人创办的大连中华青年会的附属学校，由时任国共合作时期国民党大连党部书记林升亭（大革命后加入中国共产党）联合爱国人士李仲刚、毛仪庭创办的大连中华增智学校，由原北京大学马克思主义学说研究会成员刘涧躬与夫人石三一创办的大连中华三一学校，以及专门为码头工人和城市贫民创办的大连中华觉民学校、大连岭前屯石道街贫民义务学校等。这些学校采用中国学制，教材为商务印书馆和中华书局出版的国内通用教材，在帝国主义统治下的大连公开打出"中华"的旗帜与帝国主义抗衡，校内洋溢着爱国主义精神。

大连的新式学堂、学校捍卫和发展了中华民族文化，在大连人民抵制帝国主义文化侵略方面做出了很大贡献。

三 礼仪之邦

自古至今,我国素有文明礼仪之邦的美誉。中华民族一直以彬彬有礼、谦逊和睦的风貌著称于世。古代传承有序的礼仪文化是我国传统文化的核心组成部分,源远流长,内容丰富:上涉国家社稷,可安邦定国,仪被四方;下及百姓民生,可规范世道,塑造人性。古代的礼仪文化对我国历史与文化的形成和发展产生了深远影响。

三 礼仪之邦

礼仪概说

在中国传统文化的大观园中,礼仪文化是极其绚烂多彩的一朵奇葩。它绵延久远,内容宏富,博大精深,是中华文明区别于世界上其他古代文明的重要标志,深刻影响了中华民族的形成与发展。

礼仪溯源

礼仪是礼节和仪式的统称,是人们在长时间的共同生活和交往中,为维系正常的社会活动而制定的一系列制度、规定,以及贯穿其间的思想观念。在中国古代早期,礼主要通行于贵族群体,与通行于庶民群体的民俗界限分明。

在古代,礼仪经历了漫长而又复杂的形成与发展历程,最早可以追溯到长达一百多万年前的原始社会时期。那时社会生产力极其低下,生活资料十分匮乏,原始先民将无法解释驾驭的自然现象

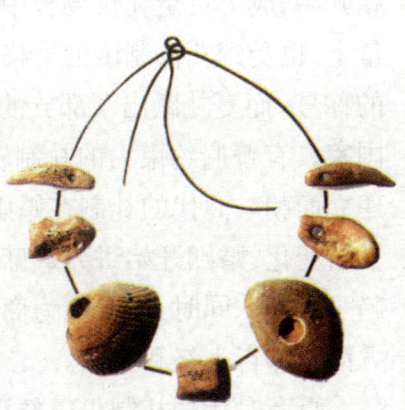

山顶洞人串饰

认定为冥冥中存在的超越现实的鬼神驱使。古人采取祭祀的方式贡献最好的礼物与鬼神交流,整个祭祀活

> **知识名片**
>
> 礼不下庶人,刑不上大夫。
> ——《礼记·曲礼》

动庄严隆重,以表示虔诚恭敬之心。距今约三万年前的北京周口店山顶洞人,就已经形成了佩戴首饰的习惯,并在他们去世的族人身旁撒放赤铁矿粉,举行原始的宗教仪式,这是迄今发现的中国最早的葬仪。而距今几千年的仰韶文化遗存证明,人们已经形成了长辈坐上席,晚辈坐下席,男子坐左边,女子坐右边等体现尊卑有序、男女有别的习惯。到了原始社会末期,明确血缘关系的婚嫁礼仪、区别部族内部尊卑等级的礼仪和祭天敬神的祭典仪式都已经形成。

公元前21世纪前后,社会生产力水平提高,中国进入青铜时代。金属器的使用推动了社会财富的增加与国家形态的出现。

公元前2070年,禹建立夏朝。为巩固统治,他一方面设置军队、官吏、监狱、刑罚等国家机器;一方面又铸造"九鼎"以显示自己高贵的地位,同时作为在政权内部区别贵贱尊卑的依据。大禹"铸九鼎",赋予鼎以新的特定的政治内涵,开启了青铜礼器文化之先河。鼎从夏朝开始,成为特定礼仪场合中的必备器物,在形制和数量上,也受到礼仪制度的严格规定和限制,被冠以礼器的称号。而夏礼跃出了部族的范畴,逐步开始向对整个国家具有普遍约束力的礼制转变。公元前1600年,汤建立商朝。商代的礼制在婚姻制度与继承制度方面有了新变化,婚姻开始讲究嫡庶有别,嫡长子继承制逐渐趋于稳定。同时,占卜成为商王执政的重要手段,祭祀方面则盛行人祭和人殉。

夏商时代的礼制仍以祭祀为基础,更加突出了君臣、父子、兄弟、亲疏、尊卑、贵贱等关系,发展成为保证社会等级关系、维系社会秩序的统治工具,为西周礼制走向成熟奠定了坚实的基础。

禹鼎

三 礼仪之邦

周公制礼

公元前1046年，兴起于渭河流域的周兴师伐纣，灭商建周，史称西周。西周初年，政局动荡。为巩固统治，以周公为代表的西周统治集团吸取了殷商灭亡的前车之鉴，改变靠神权治理国家的思想观念，改重人事，尊礼尚德，以礼治国。

周公旦

在周公的主持下，西周统治者对以往的宗法传统习惯进行了整理、补充，形成了一整套以维护宗法等级秩序为中心的行为规范以及相应的典章制度、礼节形式。战国时期成书的《周礼》，全面介绍了周朝的礼制。

《周礼》，又名《周官》《周官经》，与《仪礼》《礼记》合称"三礼"，是古代儒生修习礼仪的经典书目。《周礼》记载了庞杂细微的西周官制，详细介绍了天官、地官、春官、夏官、秋官、冬官等六类官名及其职权，确立了西周宗法等级秩序的基本规范。

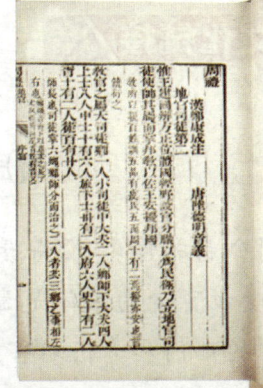

《周礼》

天官系统的官属于治理国政之官。其中大宰既是天官之长，又是六官之首。地官主管教育、土地和人民，地官之长称大司徒。春官系统中，大宗伯是其长官，主管五礼、乐舞等。夏官系统中，大司马是其长官，主管军旅、边防等。秋官系统里，大司寇是其长官，主管刑法、外交等。冬官系统缺失，由《考工记》弥补，大司空是其长官，主管土木建筑等。

大宗伯主管的五礼即吉礼、凶礼、宾礼、军礼、嘉礼。吉礼，指祭祀的典礼；凶礼，主要指丧葬礼仪；宾礼，指诸侯对天子的朝觐及诸侯之间的会盟等礼节；军礼，主要包括阅兵、出师等仪式；嘉礼，包括冠礼、婚礼、乡饮酒礼等。这些典礼仪式每一步骤针对的相应的社会等级都有严格的规定，不能违反和逾越。应该如何穿衣、如何戴帽、如何吃饭、如何站立、如何乘车、如何祭礼、如何娶亲、如何敬老、如何慈幼、如何见客、如何朝君、如何谢恩、如何奏乐等一切行为皆有定式。如五礼之首的吉礼规定，国君祭天下名山，用牛作太牢，对应数字为九；诸侯只能祭封地内名山，以羊作少牢，对应数字为七；卿大夫用猪、鸡做祭祀，称牺牲，对应数字为五；一般人只限用鱼，对应数字为三。祭祀的规范仪式体现了鲜明的等级观念，反映出周初统治者试图通过礼教手段达到礼治效果的政治目的。

文化链接

西周的礼乐教育

周公制礼作乐，倡导乐教，开古代礼乐教化之先河。西周宫廷中，受教育者的主体是贵族子弟，即所谓"国子"。礼乐的施教由具体的部门和专门职官负责，有相对固定的乐教场所、严密的组织管理和长期有效的教学体系，受教育者受到严格、系统的教育。国子们从幼年到成年都必须接受礼乐教育，分为三个阶段：第一个阶段从六岁开始，为居家学习阶段，即为礼乐教育做准备、打基础的阶段；第二、三阶段即所谓的"小学""大学"阶段，亦即礼乐教育的正式实施阶段，这两个阶段的教育内容以礼乐为中心，附以射、御、书、数。教师方面，执教者"官师合一"，由国家官吏兼教导之责，众多的乐师参与了具体的乐教工作。

三 礼仪之邦

周礼确立的过程中,始终贯穿着两项基本原则。其一是"亲亲"的宗法原则,即必须亲爱自己的亲属,子弟必须孝顺父兄,小宗必须服从大宗;分封和任命官吏必须任人唯亲,并按嫡长子继承制世袭。其二是"尊尊"的等级原则,指下级必须尊敬和服从上级,不得僭越,不能犯上作乱。这两个基本原则成为后世忠孝文化的渊源。

西周时期,礼仪制度走向成熟的同时也开始分流,礼仪制度成为国礼,针对平民大众的礼俗逐渐成为家礼。特别是春秋战国时代,这种分化更为明显,使"礼不下庶人"成为中国古代礼仪文化的突出特点。

相对于夏商两代,周礼不再刻意追求"事神致福",转而覆盖社会生活的各个方面,人们的衣食住行、行为举止无不受其节制,周礼带来了人们观念上的变化。"敬鬼敬神而远之"成为人们的主流认识。人们意识到凭借礼乐就能建立和维持社会秩序,从而在一定程度上摆脱了鬼神对社会生活的束缚。周公制礼作乐,是建立古代中国人文精神的重要开端,也由此开创了中华民族引以为豪的礼乐文明,对华夏文明的发展产生了深远的影响。其后经过孔子的提倡和荀子的发挥,"礼"形成了一个不仅包括政治制度,而且包括道德标准和行为准则的体系,不再是仅仅对统治者的要求,也是对有知识的"君子"的要求,成为全社会成员共同遵循的标准。

儒门修礼

公元前770年,周平王东迁洛邑,东周开始。周王面对外侵选择的避守姿态,说明了王室的日趋衰微。周天子名义上仍是天下共主，但实际上已失去了号令诸侯的权威。由此开始，诸侯国力量增强，甚至出现了"齐国犯鲁""楚王问鼎"的事件，宗法分封制度日趋解体。礼乐制度也因此成了无源之水、无根之木，日趋枯萎。春秋初期，中国社会即开始进入"礼崩乐坏"的时代。

"礼崩乐坏"一方面表现为周天子与诸侯之间君臣关系受到挑战。按分封制规定，诸侯原本必须前往王都恭敬接受周王册命，而且要定期朝觐。诸侯要按时向王室朝聘、述职、纳贡，以示宗周。但据《春秋》所记，鲁国在二百三十多年间，国君亲自朝见天子只有三次，派大夫聘周也不过四次。鲁国是周公的后代，是礼仪之邦，朝觐之礼几乎全废，其他诸侯国的守礼情况更是可想而知了。周王对诸侯的册命礼蜕变为周天子派使臣到各国"来锡（通'赐'）命"，而且往往是周天子有求于诸侯，如对齐桓公的册命是因为周惠王请求齐国出兵讨伐卫国。显然，这种从制度上宣示周天子威仪的仪式已经堕落为周天子讨好诸侯的工具。

春秋时期"礼崩乐坏"的另一个显著表现是僭越礼制。孔子对此演变有一番形象的描述，就是由"礼乐征伐自天子出"变为"礼乐征伐自诸侯出"，进而"自大夫出"，以至"陪臣执国命"。礼乐的崩坏造成了社会秩序失衡和价值体系的混乱，使贵族慢慢丧失了礼仪文化教养。礼仪不再是贵族阶层的身份标识，而一般作为卿大夫家臣的士，凭借对礼仪的熟悉与传承，开始寻求治世之道。这促使了我国历史上"百家争鸣"的出现。

孔子创立的儒学以振兴礼乐文化为己任，它对崩溃了的礼乐文化进行思考和反省，从思想理论上加以提炼和升华。孔子也成为中国传统礼仪文化的又一位主要奠基者。

三 礼仪之邦

文化链接

贵族礼仪丧失的故事

《左传》记载,齐国大夫庆丰出访鲁国,鲁国执政大夫叔孙豹设宴款待庆丰。但庆丰对贵族宴饮之礼毫不知晓,表现出轻慢与无礼,于是叔孙豹引《诗经·鄘风·相鼠》讥讽他。但庆丰根本听不懂"人而无仪,不死何为""人而无耻,不死何俟""人而无耻,胡不遄死"的诗句,可谓无知者无畏。

孔子生于礼乐传统深厚的鲁国,自幼受礼乐文化熏陶,成年后做过"乘田""委吏"等小吏。三十岁以后设坛讲学。相传孔子曾问礼于老聃,学乐于苌弘,学琴于师襄。孔子针对"礼崩乐坏"的社会现实,对崩溃了的礼乐文化进行思考和反省,创立儒家学派,以振兴礼乐文化为己任,成为继周公之后中国传统礼仪文化的主要奠基者。

孔子认为礼的本质是执礼者在礼仪过程中体现出来的教养,礼仪的崩坏导致了社会秩序的混乱。而礼仪的主要担当者——贵族由于浑然不知、知而不守、守而不敬、敬而不笃等原因丧失了基本的礼仪教养。因此孔子提出重建礼仪秩序要从知礼仪开始,只有博文约礼的人,才不会违反人道,即"克己复礼为仁"。孔子在西周礼仪两向分流的基础上进一步丰富了其内涵,在治国理念上提出要"为国以礼",对普通百姓则提出要"非礼勿视,非礼勿听,非礼勿言,非礼勿动"。

范曾《孔子问礼于老子》

要实现"克己复礼"的目标,孔子一方面提出了"正名"的主张,即明确社会各阶层的名分,主张"君君、臣臣、父父、子子",严格区分社会各等级,不能以下犯上;另一方面提出要知礼然后守礼,必须以学礼为前提。为此,孔子兴办私学,删《诗》《书》,订《礼》《乐》,赞《周易》,修《春秋》。他以诗书礼乐教三千弟子,构建了礼仪之道教育的重建之路。时至今日,孔子仍被尊为"万世师表",其教育思想仍被教育界所尊奉。

孔子对周礼最大的发展是纳"仁"入礼。"仁"的概念出现很早,孔子将其发展成为一种发自内心的道德情操,其内核是"爱人"。如果说"礼"是外在的社会道德强制力量的话,"仁"则是内在的道德精神。春秋战国时期的儒家学者面对礼仪秩序的混乱,希望重新唤起人们心中的道德自觉。通过不断的自我反省,来自觉地明确自己的社会角色,以实现贵贱有序的"复礼"。

文化链接

《论语》(节选)

名不正则言不顺,言不顺则事不成,事不成则礼乐不兴。

——《论语·子路》

先进于礼乐,野人也;后进于礼乐,君子也。

——《论语·先进》

不知命,无以为君子也;不知礼,无以立也;不知言,无以知人也。

——《论语·尧曰》

弟子,入则孝,出则悌,谨而信,泛爱众,而亲仁。行有余力,则以学文。

——《论语·学而》

三 礼仪之邦

在儒家学者心中，礼仪之道不再仅仅是维系社会秩序的行为规范，更成为提升人文教养、培育君子精神的文化资源。追求礼仪之道的根本途径就是修身，只有以修身为本，努力追求"仁"的境界，才能教化百姓。后世的孟子认为"仁义道德，非礼不成"，荀子也认为"礼恭而后可与言道之方"（《荀子·劝学》）。先秦儒家的"纳仁入礼"开创了以礼仪文化引领政治发展的新方向，礼仪文化也不再是贵族的标签，人人都有机会成为"圣人"。这种主张通过修身提升道德境界、培养自觉执行礼的"仁人"的机制，最终成长为中华民族内圣外王的政治信念和理想。

礼行天下

在中国礼制发展史上，汉代是极其重要的一页。自孔子之后，崇礼成为儒家文化的一大特征。随着汉武帝"罢黜百家，独尊儒术"确立儒学正统地位，纷繁复杂的礼制被汉代儒家学者整合成一个相对完整的系统。西汉时期，"三纲五常"成为中国封建礼制乃至社会秩序的最高规范。东汉儒学家郑玄合注"三礼"，促使礼制完成了儒学化进程，从此确立了中国封建礼制的基本架构。历代统治者都通过各种教化途径，将符合统治需要的礼制向民间和大众传播、渗透，力图使儒学化的礼制成为全社会普遍的思想、行为规范。

郑玄

宋代儒学体系更新为理学体系，封建礼仪也随之被推向了一个新的高峰。以程颢、程颐、朱熹为代表的理学家认为自然界天地万物无不体现天理，"理"不仅是自然界也是人类社会的最高原则，而人性的本质就是天理的体现。他们以"理"的永远存在性来论证封建等级制度的永恒不变，正所谓"三纲五常"终变不得，提出了"存天理，灭人欲"的言论。"三从四德"成为这一时期妇女的道德礼仪标准。由此可见，宋代以后，道德和行为规范成为封建礼教强调的中心。封建统治者力图使人人在家尽"孝"，对社会尽"忠"，每个妇女对丈夫尽"节"。此外，"家礼"的兴盛是宋代直至明清封建礼仪的又一特点。家庭礼制越来越严明，越来越强调贵贱有序。

中国古代的礼仪文明是中华民族独具特色的文化展现。在其漫长的形成与发展进程中，逐步呈现出的主要特点有：

贵贱有序，为国以礼。古人曾有"德礼为政教之本"的说法。汉代以后的多数王朝以"为国以礼"作为治国思想。在儒家看来，等级分明、贵贱有序的社会才是理想的社会，尊卑上下、长幼亲疏不可混乱。这种等级观念体现在治国理念中就是用无所不包的"礼"来约束和规范人民。但同时，儒家学者也对统治者提出了要求，反对"不教而杀"，提倡"仁政"。古代礼治虽然从本质上维护专制统治，但这种通过规范人们行为以维护社会秩序的做法还是有一定的积极意义的。

礼下庶人，教化百姓。中国古代的礼制最终被儒家发扬为礼治文化。要将礼仪道德作为管理国家、调控社会的主要手段，最重要的是使人民自愿服从政令，自觉遵守规矩。这种自觉靠的就是教化。"礼下庶人"，直至儒家提出的"格物、致知、诚意、正心、修身、齐家、治国、平天下""人人皆可为尧舜"，鼓舞了人们主动提升道德境界。这有利于培养国人崇高的社会责任感与好学上进之风。

注重亲情，礼尚往来。中国的礼仪文明来源于我国

三 礼仪之邦

家国同构式的血缘宗法社会。因此，尊老敬老、"父母在，不远游"等传统思想深入人心，注重亲情与血缘始终是中华民族的优良传统。在相互交往中，中华礼仪倡导礼尚往来。《礼记·曲礼上》载："礼尚往来，往而不来，非礼也；来而不往，亦非礼也。"这同样成为中华民族礼仪文明的一大突出特点。

诚然，中国古代的礼仪文明主要为"人治"服务，"重人轻法"，但通过规范人的行为方式维护秩序，重视道德引领，注重文明教育，培养人的自觉意识、责任意识、成才意识等方式，在今天仍值得我们从中汲取有益的经验。

古代政治礼仪

中国古代的礼仪文化是人类文明史上中华民族的独创，是中国古代社会政治、经济、文化传承不断的重要内驱力之一，历代圣君贤臣都将"礼"看作是安邦定国、励精图治的主要手段。

国之大礼——祭天地，祀宗庙

在古代，祭祀是国之大事，最宏大、最重要的典礼及其建筑，都与祭祀有着密切的联系。按《周礼》记载，祭祀的对象天神曰祀，地祇曰祭，宗庙曰享。

古人认为君王受命于天，故祭天之礼历来是最为隆重、庄严的。在周代，祭天被称为"郊天之礼"，每年冬至这一天周天子都会亲率百官在国都南郊的圜丘举行典礼。祭祀之日，每个人都要斋戒完毕，清早到达圜丘，周天子身着黑色面料的上衣，赤黄色的下裳，头戴前后垂有十二旒的冕，腰插大圭，手持镇圭，面向西方立于圜丘东南侧。这时鼓乐齐鸣，报知天帝降临享祭。

1420年，明成祖朱棣始建，用工十四年，与紫禁城一起落成。1534年，改称天坛。清乾隆、光绪加以改建。1998年，被列入《世界遗产名录》。

三 礼仪之邦

接着，宰杀献给天帝的牛、羊、猪，随同玉璧、玉圭、缯帛等祭品放在柴垛上，由天子点燃，让烟火高高地升腾于天，以使天帝嗅到气味。这就是燔燎，也叫"禋祀"。随后在乐声中迎接"尸"登上圜丘。"尸"由活人扮饰，作为天帝化身，表示天帝接受祭享。"尸"就座，面前陈放着玉璧、鼎等各种盛放祭品的礼器。这时先向"尸"献方才宰杀的家畜的鲜血，再依次进献五种不同的酒，称为"五齐"。前两次献酒后要进献全牲、大羹(肉汁)、例羹(加盐的菜汁)等。第四次献酒后，进献黍稷类粮食。进献完毕，"尸"用三种酒答谢祭献者，称为"酢"。饮毕，天子与舞队同舞《云门》之舞，相传那是黄帝时的乐舞。最后，祭祀者还要分享祭祀所用的酒醴，由"尸"赐福于天子等，后世称之为"饮福"。天子把祭祀用的牲肉赠给宗室臣下，称"赐胙"。

周天子祭天大典自殷商演化开始，是天子专享之礼，代表了君权神授，一直为历代帝王所重视，盛行到清代才宣告结束。从秦始皇开始有几代帝王还举行过规模更为盛大的"泰山封禅"仪式。

与祭天一样，祭地也是国家大事，也称"社祭"。社稷本是土神和谷神的总称。在古代，土地和粮食是国家兴衰的关键。祭祀社稷，反映了人们祈求风调雨顺、五谷丰登的美好愿望。国家的主祭由君王在"方丘"举行，而各阶层都有"祭社"活动，民间至今仍有祭土地庙的习俗。中国古代的祭地之礼一开始并不固定，

北京太庙

到了汉代,逐步演变为固定不变、与祭天大致相同的礼仪。西汉末年,在都城南北按阴阳方位分建有天地之坛。以后历代王朝基本上承袭了汉制,直至晚清。

与祭祀天地敬畏神灵不同,宗庙祭祀是祖先崇拜的表现。古代君王"受之于天"而传自祖先,因此宗庙祭祀也成为国之重礼。中国古代皇帝祭祀祖先的地方称"太庙"。在夏朝时,太庙称为"世室",殷商时称为"重屋",周称为"明堂"。古代的宗庙制下,天子七庙,诸侯五庙,大夫三庙,士一庙,庶人不能设庙。宗庙的位置按身份等级的不同有相应的规定:天子、诸侯设于门中左侧,大夫则庙左而右寝。古代宗庙是每庙一主,神主是木制而成,祭祀时才摆放,祭品不能直呼其名。祭祀时行九拜礼。

对宗庙的祭祀,清代皇帝堪称极致。祭祖每年四季首月祭典称"时享",岁末祭典称"祫祭",凡婚丧、登基、亲政、册立、征战等家国大事之祭典称"告祭"。太庙殿内陈设金漆雕龙雕凤的帝后神座,座前置祭器,置稻粱、果蔬、牺牲、香烛、福酒等祭品。祭祀活动前三天,皇帝和文武百官要斋戒,不处理刑事案件,也不看病。太常寺和礼部分别准备黄案,准备斋戒铜人,安排皇帝的祭祀活动等相关事宜。礼部官员要确认宰杀的牺牲是否符合祭祀要求,等等。祭典时将祖先牌位移至此处神座安放,宰杀好的牺牲要送到太庙殿内,皇帝必须袒露右臂亲自迎接。礼乐官按照沿袭下来的传统方式敲钟奏乐,舞生高唱祭祀的歌曲并跳起舞蹈,皇帝和文武百官则须三叩九拜。祭祀场面庄重肃穆,既表达对先祖的敬意,也为国家江山社稷祈福。

三 礼仪之邦

尊师重教,不忘师恩

在今天,教育事关国家、民族发展大计,是立国之本。在古代中国,人们也很早就意识到教育的重要性,并一直延续着尊师重教的优良传统。

《尚书》中便将君与师相提并论。战国时期的荀子则说:"君师者,治之本也。"无疑将尊师重道提高到了国家兴亡的高度。汉代以来,连百姓堂屋中的祖宗牌位都无一例外地将"师"列在"天地君亲"之后。

古代尊师重教的风气存在于社会各个阶层。据《礼记》记载,对古代君王来说,不能将自己的老师当成臣子看待;而对普通人来说,在路上遇到老师,要"趋而进,正立拱手,先生与之言则对,不与之言则趋而退"。在古代,老师这一概念,不仅仅指传授知识的人,还包括传授技能的人。技能的传授对学徒的要求则更高,不仅要对老师礼数周全,甚至要侍奉师长的日常起居。此外,自孔子时代开始,为了表达对老师传授知识的感谢,开始流行"束脩"之仪。"束脩"在当时指的是十条肉干。到了后来,"束脩"便成了学生送给老师酬劳的代称。

文化链接

程门立雪

杨时是北宋时期著名的理学家,年轻时仰慕程颢、程颐的学识,就不辞劳苦前去拜师求学。有一天,杨时与他的学友游酢因对某问题有不同看法,为了求得一个正确答案,一起去老师家请教。时值隆冬,天寒地冻,行至半途,朔风凛凛,瑞雪纷纷。到程颐家时,适逢先生坐在炉旁养神。杨时和游酢不敢惊动老师,就恭恭敬敬侍立在门外,等候先生醒来。程颐一觉醒来,发现侍立在风雪中的杨时和游酢脚下的积雪已有一尺多厚了,赶忙起身迎他俩进屋。后来,杨时学得程学的真谛,被推"程学正宗",世称"龟山先生"。"程门立雪"的故事也成为尊师重道的千古美谈。

古代的尊师重教不仅体现在亲师、敬师之上,还体现在报师与祭师之中。所谓报师,是指学生在学成之后,要不忘师恩,逢年过节送上自己的问候;所谓祭师,就是在老师百年之后,学生要对老师的亡灵加以祭祀,这种礼仪后来被演化为固定的祭拜先师的"释奠礼"。

早在商周时期,就有了释奠先师的记载。据《礼记·文王世子》记述:"凡学,春,官释奠于其先师,秋冬亦如之。"

春秋时期,孔子兴办私学,打破"学在官府"的局面,使学术下移到民间,被称为"第一位老师"。孔子实施"有教无类"的教育方针,修订典籍,提出各种先进的教学方法和学习方法,广招学生,相传他有弟子三千,其中贤人七十二名,因此,孔子又被誉为"万世师表"。

汉高祖刘邦以牛、羊、猪祭祀孔子,开创了历代帝王祭孔的先河。汉武帝独尊儒术后,各地纷纷建孔庙,祭孔典礼日臻隆重。北朝时,每年仲春和仲秋,两次在太学中举行纪念孔子的典礼。唐代以前,以周公为先圣,孔子为先师。唐代开始尊孔子为先圣,早期是一年四季每季度学校要举行一次祭孔尊师仪式,玄宗改为春秋两季各一次,但更为隆重。这一时期,释奠礼开始成为专门祭奠孔子的学礼,并逐渐传向海外。明代称孔子为"至圣先师",祭孔制度达到帝王规格;清代定都北京后,以京师国子监为太学,立文庙,称孔子"大成至圣文宣先师",祭孔尊师的规格达到最高。国子监最高长官"祭酒",指的就是在祭祀祖师孔子时有资格做主祭者的那一位。祭孔的传统一直延续到近代,今又以新形式复兴。

古代的学礼制度包含尊师、敬师、报师、祭师等礼仪文化,对中国以及周边其他亚洲国家产生了极为深远的影响。儒家文化是中国的正统文化,孔子也逐渐成为华夏文明的象征。

相见以礼,和谐共处

人与人之间的交往是人类社会生存所必需的。无论与朋友会面,还是商务、政治活动,都少不了见面行礼。古代的相见之礼,是古代政治生活中十分重要的一个方面,纷繁复杂,规范着人们的日常生活。

趋礼是古代比较常用的行为规范之礼。"趋"字的本义是"疾走"。古代地位低的人在地位高的人面前走过时,一定要低头弯腰,以小步快走的方式对尊者表示礼敬。此外,传统行走礼仪中,还有"行不中道,立不中门"的原则,即走路不可走在路中间,应该靠边行走;站立不可站在门中间。这样,既表示对尊者的礼敬,又可避让行人。

在汉唐,人们不坐椅、凳,只能席地而坐,两膝着地,脚掌后翻,臀部坐在脚跟上,伸直腰股,这种姿势称为"跪"。因此,在中国古代,跪拜礼便成为人们向对方表达敬意的主要礼节。西周时期，按照当时拜的动作和对象，拜礼有九种，分别是稽首、顿首、空首、振动、吉拜、凶拜、奇拜、褒拜、肃拜。"稽首"最为隆重，拜者必须屈膝跪地，男子左手按右手，女子右手按左手，手在膝前，头在手后，缓缓叩首到地，停留片刻而起，一般是用于臣子拜见君王和祭祀先祖的礼仪。古人行拜礼有吉凶之分，吉事吉拜，凶事凶拜。"肃拜"是最轻的拜礼，一般为将士、文人、妇女所用。宋辽以后，受满蒙文化的影响，请安和万福礼开始盛行。请安礼用于下对上、幼对长，又称"打千儿"，男子屈右膝半跪，口称"请安"；女子双手扶左膝，右膝微屈，可不出声。万福较多用于女子向人行礼，姿势是站立拢手，略提长襟，口称"某某万福"。跪拜礼是中国特有的向对方表达崇高敬意的礼节，但后来被用来彰显统治秩序、等级差别、尊卑贵贱，被掺杂了人格侮辱成分。辛亥革命后，彻底废除了跪拜礼。

古人见面行礼

此外，古代人们相见常用的致敬动作还有作揖、拱手、寒暄等不分尊卑的礼节。拱手和作揖是沿用很久的礼节，作揖即抱拳拱手。行礼时，抱拳在胸前微微晃动，不能过烈过高，身体略弯。用左手扶抱右手，意为"吉拜"，来表达友好，相反则为"凶拜"，于对方而言非常不尊重。拱手作揖时，一般会同时说"幸会幸会"或"久仰久仰"，然后询问家人健康平安与否。初次见面，一般会说"请问您贵姓""请教台甫"或者"敢问贵庚贵府"等客套话，这便是寒暄。

三 礼仪之邦

古代盛行厚待宾客之风。《仪礼》中《士相见礼》详细规范了人们互访的礼节。

如果要去拜访不熟悉的人,首先要"绍介",就是需要有人居中引荐。如果拜访地位较高的人,需要先行投递拜帖。这种礼仪表达出古人对所尊重的人不敢冒昧造访,礼敬有加。拜访别人,一定要携带礼物,古代称为"奉挚"。《礼记·曲礼》对礼物的规格有详细的规定,天子用鬯(一种祭祀用酒),诸侯用圭,卿用羔,大夫用雁,士用雉。《礼记·表记》载孔子说:"无礼不相见也。"可见古代见面礼是必不可少的。主人要经过两次婉言请返"辞让"后接受礼物,之后再会客、送客。客人登堂入室要高声探问,没有听见说话声要在门外等候;进屋后目光要下垂,不可东张西望;房门原先开着的仍让它开着,原先关上的也要关上。主人待客则要做到宾至如归,如请客人饮宴,筵席应与屋子四边保持平行,左为首席;陪客人进餐,席面的摆放要方便客人取食,客人吃好后,主人方能放下碗筷。客人告辞,主人要婉言相留;客人执意要走,则需起身送客,根据关系的不同,送出不同的距离。

周臣《柴门送客图》

在中国古代,只有君王才能接受拜访而不需要回访。一般在客人来访后的第二天,主人要行回访礼。回访要"还挚(贽)",以表示重礼而轻货财,这与以礼物为重的做法截然不同。

"以军礼同邦国"

古代军礼是指古代军队的操演、征伐之礼,包括校阅、用兵、田猎等活动时的礼仪。《周礼·春官·大宗伯》云:"以军礼同邦国。"意思是说以军礼的威严统一邦国的制度,使下面的人不敢僭越。也就是说,如果有哪个诸侯不服从统治,敢于抗上,天子就调动军队去镇压,迫其就范。可见军礼只是一种政治手段,美其名曰"礼",与后世所说的军队礼仪有些区别。周代军礼对军队建制有着严格的限定。《周礼·夏官》规定:"王六军,大国三军,次国二军,小国一军。"每军大约一万两千五百人。关于军力,则有天子万乘,诸侯千乘,大夫百乘的说法。军礼在周代主要分为五个类别:大师之礼、大均之礼、大田之礼、大役之礼和大封之礼。

大师之礼是指天子或诸侯军队出征的礼仪。军队出征,有天子御驾亲征与命将出征之不同,二者礼数规格也有不同。天子御驾亲征,威仪盛大。军队出征前有许多祭祀活动,主要是祭天、祭地、告庙和祭军神。祭祀的主要目的是表明征伐是受命于天、受命于地、受命于祖。祭祀礼毕,接着举行誓师典礼。誓师就是将出征的目的与意义告知将士,揭露敌人的罪恶,强调纪律与作风,也就是一次战前动员和教育。《尚书》中《甘誓》《汤誓》《牧誓》等篇,都是上古著名的誓师之辞。如果是命将出征,天子要在太庙召见大将军及全军将校,授之以节钺(后世常授刀剑),表示将节制军队的全权授予他。大师之礼的本质目的是为了调动国民为正义而战的热情。

三 礼仪之邦

文化链接

古代军礼中的"饮至"

战争胜利,天子要宴享功臣,论功行赏,古时称为"饮至"。论功行赏仪式十分隆重,受赏将士官员于午门外班列整齐,文武百官皆侍立。皇帝就座,众官行四拜礼,承制官宣读皇帝的制命,众官俯伏而拜,然后颁赏。受赏官依次到礼案前跪受诰命。受赏官左侧又跪有二侍者,接受的诰命和礼物分别交给侍者,受赏官再俯伏行礼而退。封赏礼毕,众官鞠躬而拜,三舞蹈,跪而三呼万岁。诰命和礼物,由仪仗、鼓乐相伴,送到受赏官员的府第。论功行赏之礼最为隆重者,莫过于历代定封开国功臣。

大均之礼主要针对古代军赋的筹备。据《周礼·地官》记载,古代的军队建制,以五人为一伍,五伍(二十五人)为一两,四两(一百人)为一卒,五卒(五百人)为一旅,五旅(二千五百人)为一师,五师(一万两千五百人)为一军。国家根据这一建制,在封国内部统计户口,要求应征的士兵必须自备车马、盔甲等。这种做法,意在平摊军赋,使民众负担均衡,以避免伤民。这一制度适应了当时兵农合一的社会状况,百姓出则为兵,入则为民。唐宋以后,随着社会的变化,大均之礼逐渐废止。

大田之礼指天子与诸侯定期进行的狩猎活动,实质上就是进行军事演习并检阅军队。天子和诸侯都必须亲自参加四时田猎,分别称为春蒐、夏苗、秋狝、冬狩,故称大田之礼。春蒐,指春天搜索、猎取没有怀胎的禽兽,以利于自然界禽兽数量的平衡。夏苗,指

出行田猎图

夏季猎取残害庄稼的禽兽，以保护庄稼不受禽兽的糟蹋，保障粮食的收成。秋狝，主要是猎杀伤害家禽的野兽。秋天，家禽要长大了，要保护其不受野兽的侵袭，减少损失，维持收成的平衡。冬狩则不加区分，都可猎取。"四时田猎"反映了古时候人们重视自然界的生态平衡，其军事目的主要是检阅军队的数量、作战能力，训练协同配合战术。自周朝开始，凡国内不发生战争、动乱、王位继立及严重的自然灾害等大事，帝王每年都要在四季进行田猎活动。这种结合打猎活动而进行的军事训练，可使军队常备不懈，因而为历代所沿袭。

大役之礼指国家发起的营建宫室城邑之礼，目的在于考察、使用民力。在工程开始之前，国家先要通过均平土地来查看人民，以确认可以承担劳动的所有人数。大役之礼作为一种军事性的使用民力活动，根据民力的强弱分派任务，统一步调，振奋精神，体现了人性化的原则。

大封之礼指的是天子勘定诸侯国疆界和私家封地之间疆界的礼节。春秋战国时期，诸侯间相互侵犯，争夺对方领土。当胜利一方在完成征讨之后，要确认原有的疆界，聚集失散的居民在疆界进行封土植树，这个仪式就是大封之礼。

这五种军礼中，大均之礼、大役之礼和大封之礼属于国家行政事务，军事性质较少，但都需要军事力量的支持、配合，或者都可以为军事活动提供必需的条件，故都归入军礼。此外，军队中的车马、旌旗、兵器、军容、营阵、行列、校阅、进退等，都要依照相对固定的仪式进行。在战场得胜后，回师又有凯旋、告庙、献俘、献捷、受降、饮至等礼节。

三 礼仪之邦

　　春秋战国时代，社会急剧变化，传统礼制不断崩坏，神权政治日趋衰弱，与宗教迷信紧密相连的军礼遭到摒弃。当时的宋襄公因循旧礼，坚持作战不攻打没有摆好阵势的敌人，不打受伤的敌人，不捉头发斑白的老者，最终落得战败。这也说明，传统的礼乐法度一旦过时，必须因时而变，否则遗祸不浅。

四 乐舞戏剧

作为中华传统文化的重要组成部分，乐舞戏剧在历史激荡的岁月中广取博采，继承创新，终有所大成。这些根植于我们血液中的艺术瑰宝，深刻地影响着中国人的价值观念、思维方式、审美情趣与民族性格，使我们能够在历史发展的长河中不断汲取营养，不断延续辉煌。

四 乐舞戏剧

丝竹管弦

> 丝竹悦耳余音绕梁,管弦悠扬响彻古今。中华传统音乐发轫于上古,造极于后世,历经千年发展而不衰,吞吐吸纳,借鉴融合,终成世界音乐史上的华彩乐章。

先秦古乐留遗响

中华文化历史悠久,底蕴深厚,很早便孕育出响彻天籁的古乐经典。

早在漫长的原始社会,先民们在制造原始工具和进行集体劳动的过程中,创造出了原始音乐。先秦典籍《尚书·舜典》中有关于"击石拊石,百兽率舞"的故事记载,我们的祖先在进行狩猎活动时,用艺术的形式再现当时手持武器与野兽搏斗的情景,人们敲击着石头化装成各种野兽歌舞祭祀,于是便产生了相关题材的原始乐舞。进入氏族社会后,原始乐舞有了简单的咏歌和舞蹈,以及简单的敲击和吹奏乐器,如骨笛、骨哨、陶埙、陶钟、磬、鼍鼓等。

陶埙(浙江余姚河姆渡出土)

原始音乐诞生之初,与巫术及原始舞蹈密不可分。这种艺术形式经过人们的加工完善,代代相传,水平不断提高,至夏商周时期产生了真正意义上的乐舞。

西周建立后,在礼乐制度的基础上建立了我国第一个比较明确的宫廷雅乐体系,成为我国传统乐舞文化发展史上的一个里程碑。所谓雅乐,是指帝王在举办祭祀天地、神灵、祖先,朝贺等宫廷典礼时所用的音乐。其风格典雅庄严,肃穆祥和,篇幅长而规整,节拍慢而有序。其中夏朝的《大夏》、商朝的《韶》及周朝的《大武》,都是同时期最具代表性的大型雅乐曲目。此外,许多民间乐舞和其他部族的乐舞也开始出现,称为"散乐"和"四夷之乐"。

青铜文明的鼎盛造就了打击乐器的辉煌。先秦时代的乐器,仅在《诗经》中提及的名目就已接近三十种。在名目繁多的乐器中,成就最高、最具代表性的有三种:鼓、编钟和编磬。由于乐器种类大大增加,周代,人们根据乐器的不同材质将其分成金、石、丝、竹、匏、土、革、木八类,称为"八音"。八音分类法是我国最早的乐器分类方法。

商周乐器不仅在形制上日臻成熟,在音律方面同样趋于完善。以编钟为例,一套完整的编钟虽然并没有固定的数量,少则六七枚,多可达到五六十枚,但无论数量多少,均按照音序有规则地挂置于钟架之上,演奏时敲击编钟得到乐音。每套编钟都有完整的音序,定音极为准确,音色沉稳清脆,厚实有力,能够演奏出浑厚而幽远的旋律,是一种极富音乐魅力的乐器。

1978年春夏之交,湖北随县(今随州市)曾侯乙墓中,出土了迄今为止规模最大、保存最为完整的一套青铜编钟。曾侯乙编钟共六十五枚,其中一枚为战国时楚惠王赠送的镈。这套编钟的击奏工具共有八件,分三层悬挂在铜、木做

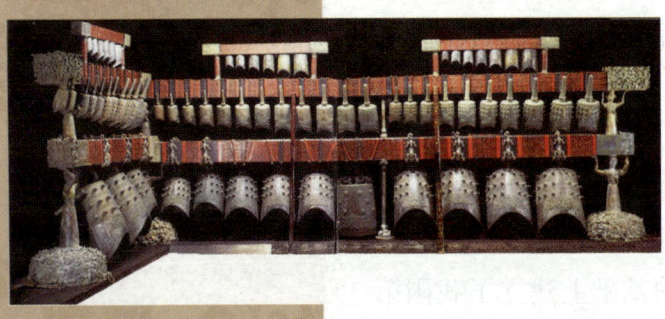

1978年在湖北随县(今随州市)出土的曾侯乙编钟

成的钟架上。钟架全长 10.79 米,高 2.73 米,由六个佩剑的青铜武士和几根圆柱承托,六十五枚编钟的总重达 3500 千克。这套编钟数量之多,铸造之精,保存之好,音律之全,音域之广,音色之美,乐律铭文之珍贵,堪称我国古代编钟之最,被中外专家、学者称为"稀世珍宝",体现了我国在先秦时期音乐艺术方面的极高成就。

春秋战国时期,周王室衰微,礼崩乐坏,雅乐随之走向没落,俗乐开始兴盛。此时的民歌和以民歌为基础的音乐创作相当丰富。由于年代久远,这些音乐多早已失传,但部分歌词仍能从我国第一部诗歌总集《诗经》中管窥一二。

文化链接

五音十二律

音律是中国古代关于音乐和其权衡事物的一门学说,被认为是万事万物的根本。古代的音律分为五音和十二律。五音又称五声,即宫、商、角、徵、羽。律,本来是用来定音的竹管,古人用十二个不同长度的律管,吹出十二个高度不同的标准音,以确定乐音的高低,故这十二个标准音也就叫作十二律。从低到高依次为黄钟、大吕、太簇、夹钟、姑洗、仲吕、蕤宾、林钟、夷则、南吕、无射、应钟。

"楚声"是兴起于战国时期楚国地区的民歌,或部分利用楚国民歌曲调所作音乐的总称,是战国时期流传最广、影响最大的民乐之一。"楚声"之中,具代表性的"九歌"是巫在祀神时表演用的歌舞曲,著名诗人屈原将其改编加工，更定其词，写成格调高雅的诗歌，保存于《楚辞》之中，成为屈赋中最精、最美、最富魅力的诗篇，是"楚声"走向成熟的重要标志。

汉乐府民歌

秦朝时，掌管音乐的官方机构——乐府正式设立。汉承秦制，这一机构得以保留，且规模进一步扩大，汉武帝时鼎盛一时，仅乐工就达千人之多。同时，西汉乐府的职能也得到进一步强化。据文献记载，西汉乐府的主要任务有二，一是按谱协律为歌，即将部分文人创作的诗赋加工制作为词谱，并付之以曲，或创作新的辞曲歌舞，以满足统治者祭祀庆典、朝会宴饮、点缀升平之用；二是负责搜集、整理各地民歌民乐，丰富已有乐章，并以此"观风俗，知薄厚"，体察民情，被乐府收录其中的民间歌谣被称为乐府民歌，作为乐府制配乐曲的重要来源而大受统治阶层欢迎。

乐府民歌来源广泛。《汉书·艺文志》中详细罗列了收录其中的一百三十八首民歌的地域分布，其范围大致北起燕、代，南至淮南，西起陇西，东抵黄河之滨，基本涵盖全国。同时，为适应搜集、记录、整理民歌的需要，汉代已创造出一种称为"声曲折"的记谱法。"声曲折"即曲调，是依据曲调的高低上下绘制而成的一种乐谱，用以将民歌的曲调记录下来。

汉代乐府民歌的内涵亦十分丰富。"感于哀乐，缘事而发"是民歌创作的传统。乐府民歌源于民间，在还原现实生活、塑造人物形象、抒发真实情感等方面有其独到之处。这其中，有的控诉战争罪恶，揭露社会矛盾，如《战城南》；有的描述民生疾苦，如《妇病行》《孤儿行》

等;有的则敢于反抗封建礼教和婚姻制度的不合理,如《陌上桑》《孔雀东南飞》等。它们无不生动、深刻地反映出汉代社会生活的真实面貌与阶级矛盾的尖锐复杂,以强烈的现实感和艺术性构成了汉代乐府音乐特有的神韵与风采。

文化链接

战城南

战城南,死郭北,野死不葬乌可食。
为我谓乌:"且为客豪!
野死谅不葬,腐肉安能去子逃?"
水声激激,蒲苇冥冥。
枭骑战斗死,驽马徘徊鸣。
梁筑室,何以南,何以北?
禾黍不获君何食?愿为忠臣安可得?
思子良臣,良臣诚可思。
朝行出攻,暮不夜归。

"鼓吹乐"和"相和歌"是汉乐府音乐的两种代表性样式。鼓吹乐源于远古,成于汉初,盛于汉武帝时期,是一种由打击乐器和吹奏乐器组成、兼有歌唱的音乐表演形式。其演奏方式多样,使用类别丰富,长期以来被作为宫廷音乐和军队音乐使用。按照鼓吹乐在宫廷中的不同用途,又可以分为鼓吹、骑吹、横吹、铙歌四类,分别用于军乐、宴乐、仪式、赏赐等。不过,随着时间的推移,汉代鼓吹乐逐渐被民间活动广泛接纳,在诸如迎神祭祖、婚丧嫁娶、乡会庙会等民俗活动中得到广泛应用。

相和歌是以汉代民歌为基础,继承先秦楚声等传统音乐发展而来的一种新的音乐表现形式。其产生之初并无伴奏,称为"徒歌",后演变为"一人清唱,众人帮腔"的"但歌",而后在一人演唱、众人附和的表演方式上融入丝竹乐器演奏,并有人击"节"(一种打击乐器)而歌与之应和,由此形成相和歌"丝竹更相和,持节者歌"的成熟表演形式,成为汉代乐府歌曲中的精华。

汉代相和歌陶俑

汉乐府的设立及其一系列的实践活动,丰富了民间音乐的表现形式,促进了民间音乐的传承延续,有力地推动了秦汉传统音乐的繁荣发展,并对后世音乐形式的多样化也产生了深远的影响。

隋唐燕乐话融合

燕乐,又称宴乐。隋唐前,燕乐原指宫廷在宴请宾客时所用的一种专用音乐,而后其涵盖面有所拓展,逐渐成为宫廷宴饮、游乐、欣赏、礼仪等场合演奏的俗乐的总称,其形式包括声乐、器乐、舞蹈、百戏等,主体为歌舞音乐。隋唐时期,宫廷燕乐一度走向繁荣,并在一定程度上代表了同时期音乐文化的最高成就。

燕乐的形成,是在继承乐府音乐成就的基础上,汉族俗乐与境内其他民族及外来俗乐相互融合的产物。宋人沈括在《梦溪笔谈》中说:"先王之乐为雅乐,前世

四 乐舞戏剧

新声为清乐,合胡部为燕乐。"隋朝统一后,中原王朝与边疆少数民族在音乐文化等方面的沟通交流逐渐加强,并于开皇(581—600)初年制定了"七部乐",分别为国伎、清商伎、高丽伎、天竺伎、安国伎、龟兹伎和文康伎。与此同时,边疆民族的部分乐舞和百戏杂乐也渐融于燕乐之中。隋大业(605—618)中期,"七部乐"经过增改重新调整为九种,称为隋代"九部乐"。这"九部乐"是清商乐、西凉乐、龟兹乐、天竺乐、康国乐、疏勒乐、安国乐、高丽乐、礼毕。

唐代宫乐图

唐朝是个开放的朝代,统治者在文化、艺术、宗教、哲学等方面均采取兼容并蓄的政策,对活跃于大唐周边的胡族音乐及外域东西方各国的音乐文化都加以广泛吸收和借鉴。此外,最高统治者唐玄宗对音乐的极大爱好,也引起社会各阶层对音乐的学习与重视,继而推动宫廷燕乐进一步繁荣发展。

 **文化链接**

多才多艺的音乐家皇帝

唐玄宗李隆基是中国历史上一位著名的政治家,同时也是一位多才多艺的音乐家。他通晓音律,又酷爱清雅的法曲。于是就从坐部伎中挑选三百艺人,设"梨园"以教习之。

《旧唐书·音乐志》载:"玄宗又于听政之暇,教太常乐工子弟三百人为丝竹之戏,音响齐发,有一声误,玄宗必觉而正之。"数百人的乐队一齐演奏,能从中听出其中一人的错误,其音乐才华确实非同一般。

唐玄宗还是一位多产的作曲家,一生中参与创作的音乐作品甚多,其中大部分是器乐独奏曲、合奏曲和大型歌舞曲。

陕西西安出土的唐代墓室壁画《宴乐舞蹈图》

唐初,在承袭隋朝"九部乐"的基础上,于贞观十六年(642年)增设高昌乐而为"十部乐",包括燕乐、清商乐、西凉乐、天竺乐、高丽乐、龟兹乐、安国乐、疏勒乐、康国乐、高昌乐。这其中,除燕乐、清商乐是中原传统音乐外,其余各部均为西域及南亚等传入的音乐,这与唐朝时丝绸之路的繁盛是密不可分的。"十部乐"的形成也从侧面反映出隋唐以来各地区、各民族文化汇聚中原,相互借鉴吸收,融合发展的总趋势。

唐朝燕乐之中,最具代表性的表演形式为"燕乐大曲"。它由散序、中序和曲破三大部分构成,是一种综合器乐、声乐和舞蹈三种表现形式于一体的大型艺术表演形式。演出时,歌、舞、器乐并用,场面宏大,声情并茂,绚丽缤纷,集中代表了隋唐燕乐的最高艺术成就。

大曲之中,由唐玄宗改编而成的《霓裳羽衣曲》堪称经典。该曲共分三十六段,由散序、中序和曲破三部分组成,融歌、舞、器乐演奏为一体,生动形象地描写了唐玄宗向往神仙生活而飞往月宫见到仙女的神话故事,细腻优美,构思精妙,在开元、天宝年间盛行一时。

四 乐舞戏剧

明清器乐合鸣

明清时期，古典文化的发展进入成熟阶段，传统音乐中的歌舞、戏剧、民歌、说唱、器乐等此时均已形成自身特有的体系。此时，商品经济的繁荣、市民阶层的扩大，使音乐文化的发展更具世俗化的特点。城市音乐、民间音乐随城市的兴起而更加深刻地影响着普通百姓的生活。

明代，民歌的创作与演唱在大江南北广为流行，盛极一时。明人卓人月曾言："我明诗让唐，词让宋，曲让元，庶几《吴歌》《挂枝儿》《罗江怨》《打枣竿》《银绞丝》之类，为我明一绝耳。"这种反映民众生活、抒发真情实感且极具艺术性的世俗音乐形式，受到广大民众甚至一些文人士大夫的欢迎。"不问南北，不问男女，不问老幼良贱，人人习之，亦人人喜听之"。晚明时期，许多文学选本开始选辑收录部分民歌作品。由明代文学家、戏曲家冯梦龙编辑整理的两部明代民歌专集《挂枝儿》和《山歌》，是现存明代文献中保存民歌数量最多的专集之一。

明清时期，说唱音乐异彩纷呈。北方的鼓词、南方的弹词是其中最具代表性的曲种，素有"南词北鼓"的说法。鼓词主要流行于北方，其演唱方式主要有两种，一种是艺人自击鼓板，无乐器伴奏，以说唱中篇鼓书为主，主要在农村盛行；另一种是艺人自弹三弦说

杨柳青年画《打太平鼓》

唱,称为"三弦书"或"弦子书",在农村和城市均有流传。鼓词在北方一度相当兴盛,形成了数十个曲种,其中影响较大的鼓词有梅花大鼓、京韵大鼓、西河大鼓、山东大鼓等。弹词大致在明中叶后开始流行,至清代走向繁荣,主要集中在我国东南沿海的江浙一带,在长期的艺术实践中日臻成熟,并衍生出苏州弹词、扬州弹词、四明南词、平湖调、长沙弹词及南音等诸多地域流派。清康熙、乾隆年间,弹词在南方各地,尤其在苏州、杭州、扬州、江宁(南京)等商业城市中获得较快发展,并迅速向北方传播。清代弹词的发展催生出许多著名的艺人,如乾隆年间苏州弹词艺人王周士与嘉道年间的陈遇乾、毛菖佩、俞秀山、陆瑞廷等四大名家。

明清时期,大一统王朝的发展进一步推动了各民族、各地域文化的交流融合。勤劳智慧的各族人民创造出不同形式、不同风格的民歌,如北京郊区农民的"插秧歌",江南吴地的"山歌",湖南衡山的"采茶歌",广东潮州的"秧歌",南雄、长乐等地妇女中秋拜月时唱的"踏月歌""月歌"等。少数民族如维吾尔族的木卡姆、藏族的囊玛、苗族的跳月、高山族的做田等也极具代表性。

明清时期,伴随着民歌与说唱音乐的兴盛,为适应民间婚丧嫁娶、宗教礼仪及其他典礼场合的需要,民间器乐合奏出现,如鼓吹、吹打、十番、弦索等。鼓吹是以管、笛、唢呐等乐器合奏。明刻本传奇剧目《蓝桥玉杵记》插图中有一幅乐队演奏图,描绘的便是鼓吹乐乐队演奏的场景,其中的六人分别使用唢呐、弯口长尖、号筒、拍板和鼓,正在婚礼上演奏音乐。吹打是用笛、管、笙等合奏。"十番"顾名思义,由约十种乐器组成,包括管乐器、弦乐器和打击乐器三大类,演奏时吹、拉、弹、

鼓吹乐队图

四 乐舞戏剧

打各组乐器要反复变换着演奏。这种音乐表演形式多流行于长江下游地区,尤以扬州、宜兴和无锡等地最为盛行。其演奏方式可有笛吹锣鼓、笙吹锣鼓、粗细丝竹锣鼓、清锣鼓等多种变化,演奏时管、弦更番迭奏,交替重复,形成对比。而弦索则是用琵琶、三弦等弦乐器合奏的形式。这些器乐合奏的形式,为我们完整地保存了明清时期各地民间音乐的风貌。

  明清时期民间音乐的发展,尤其是与民俗活动密切相连的各种器乐合奏形式的普及,将中国乐器的演奏发展推向新的阶段,为中国传统音乐文化体系的完善奠定了重要基础。这种器乐演奏的形式后来还传至日本,日本人称为"明清乐"或"清乐",对日本本土俗乐的发展也产生了深远的影响。

手舞足蹈

舞蹈是一个民族文化与精神的象征。漫长的历史岁月和深厚的文化底蕴,造就了中国独具特色、极富神韵的舞蹈艺术,为我们留下了一份弥足珍贵的历史文化遗产。

西周乐舞开先河

新石器时代舞蹈纹陶盆

舞蹈是人类与生俱来的一种艺术形式。在人类进入文明社会以前,原始舞蹈的雏形便已存在于先民的生产和生活之中,《尚书·舜典》中"击石拊石,百兽率舞"的记载,正是狩猎生活的真实反映。

原始舞蹈最初的表演形式较为简单,且多为人们集体活动的一种形式,带有简单随意的特点,击石为节,踏地为歌,跃动为舞。夏商时代,生产力的发展带动了社会的进步,伴随社会演进而来的舞蹈,开始逐渐走向规范,并进入了表演艺术的范畴。夏代已经出现了专业的舞蹈演员,同时统治阶层对声色享乐的追求,也推动了舞蹈艺术的发展。商代,巫师在占卜、求神时所跳的巫舞盛行,充满浓厚的神秘色彩和政治色彩。

周朝是中国舞蹈艺术发展史上第一个集大成的时代。西周礼乐制度与宗法制度相结合,形成一整套完整且尊卑有序的礼仪制度,并在此基础上制定和完善了

四 乐舞戏剧

相应的乐舞制度，明确规定了不同等级所使用的乐舞规格。《穀梁传·隐公五年》载："天子八佾，诸公六佾，诸侯四佾。"宫廷之中也设立了乐舞机构，专门执掌乐舞礼仪事宜。

周朝最具代表性的礼仪舞蹈为六代舞（又称"六舞"）。它的内容包括《云门》《咸池》《大韶》《大夏》《大濩》和《大武》。其中前五个乐舞分别为黄帝、尧、舜、禹和商汤时代的乐舞遗存，而《大武》则是武王伐纣时所作。六代舞的内容全部为赞颂古代贤王或当下君王的"政治性艺术"。六代舞是周朝的宫廷雅乐，只有国家有重大活动、祭祀神祇或宫廷宴飨时才可使用。演出时仪式非常隆重，表演人数、所需乐器、所奏音律、所祭神祇皆有定制，极为规范。

文化链接

循规蹈矩的西周乐舞

周朝时期设置了我国历史上第一个礼乐机构——春官，用以执掌和规范乐舞的使用。不同场合、不同等级均需按照礼制规定使用不同种类、不同规格的舞蹈曲目。其中，祀天神奏黄钟之乐，歌大吕之曲，献《云门》之舞；祭地祇奏太簇之乐，歌应钟之曲，献《咸池》之舞；祀四望奏姑洗之乐，歌南吕之曲，献《大韶》之舞；祭山川奏蕤宾之乐，歌函钟之曲，献《大夏》之舞；享先妣奏夷则之乐，歌仲吕之曲，献《大濩》之舞；享先祖奏无射之乐，歌夹钟之曲，献《大武》之舞。

战国铜壶上的乐舞图案

与宫廷雅乐相对的,是当时民间广为流传的俗乐,也就是普通百姓参与的歌舞活动。西周时期的采风制度汇集整理了相当数量的民间乐舞,我国第一部诗歌总集《诗经》中便有描写民间百姓载歌载舞情态的作品,如《陈风·宛丘》《王风·君子阳阳》等。到了春秋战国时期,礼崩乐坏的社会环境进一步造就了民间俗乐的蓬勃兴起,许多民间乐舞甚至开始走入各诸侯国的宫廷,成为上层贵族能够接纳的重要艺术形式。

雅俗共赏的发展姿态,为中国传统舞蹈艺术的发展奠定了坚实的基础。

异彩纷呈汉"百戏"

汉代,国内政治经济高度发达,国力日渐强盛,文化艺术百花齐放,异彩纷呈。安定繁荣的社会条件使民间乐舞活动蓬勃兴起,在多姿多彩的歌舞艺术中,"百戏"作为一种新的表演形式异军突起,并在艺术表演中占据愈来愈重要的地位。

"百戏"是我国古代乐舞、杂技表演的总称。据载,"百戏"起源于秦汉的曼衍之戏(人装扮成珍异动物来表演),内容包括走索、吞刀、吐火、爬杆等各种杂技幻术,汉代又称"角抵戏",是一种集舞蹈、音乐演奏、杂技、武术等多种技艺于一体的综合性表演形式。"百戏"在汉代民间广为流行,成为百姓喜闻乐见的艺术形式之一。

"百戏"在汉代的兴盛对当时乐舞艺术的发展有着

四 乐舞戏剧

广泛而深刻的影响。"百戏"中的杂技、幻术、武术同音乐和舞蹈等艺术形式长期融合,互相吸收,深受熏陶的汉代舞蹈在技艺性、娱乐性、表演性等方面,表现出高超的艺术特征。

山东省济南市无影山出土的汉代"百戏"陶俑

以当时社会上最为流行的袖舞为例,舞蹈表演者身穿薄如蝉翼的长袖舞衣,挥动长袖翩翩起舞,舞步轻盈舒展,造型千姿百态。这类舞蹈的代表作品有《长袖舞》、《对舞》(双人舞)、《巾舞》(以巾代袖,转环飞舞)等。这种神采飞扬的舞动旋律,为汉代舞蹈增添了勃勃生机。

此外,汉代舞蹈中还有不少需借助道具来完成的,如手执武器表演的《刀舞》《剑舞》《棍舞》《干舞》等;又如手执乐器表演的舞蹈,如《盘鼓舞》、《建鼓舞》、《铎舞》(铎,铃状的乐器)、《磬舞》等。其中《盘鼓舞》是汉代最负盛名的舞蹈之一,表演时,先在地面上放置数个盘鼓,表演者踏盘鼓而舞,在完成许多高难度动作的同时,还要用脚踏出有节奏的鼓声,以最大限度地表现乐舞的美感与意境,具有

四川成都西门外汉墓砖刻画《对舞图》

极佳的观赏性。它的流行深刻反映出汉代舞蹈艺术水平的精湛。

汉代"百戏"的繁盛可在保存至今的大量汉画像砖石中得到有力佐证。画像砖石是汉代人于地下墓室、墓祠、墓阙及庙阙等建筑上雕刻画像所用的建筑砖石，上面刻有题材多样、内容丰富的各类画像，是当时文化的重要载体，也是当前我们研究汉代政治经济、社会生活、民俗文化、乐舞艺术等内容的宝贵资料。在目前出土的众多汉代画像砖石中，尤为突出的便是为数众多的乐舞"百戏"画像砖石。在一块块砖石上，既有冠饰华丽、优雅端庄的舞者姿态，又有气势昂扬、雄健有力的乐器伴奏；既有长裙曳地、绰约多姿的舞蹈表演，又有生动活泼、滑稽幽默的杂技展示，更加直观地向我们描绘了汉代"百戏"表演的真实情景。

盛唐乐舞话繁荣

在中华文明五千年发展历程中，唐代无疑是一个全盛的时代。安定有序的政治环境、蓬勃向上的经济发展、兼容并蓄的社会风气、开明开放的对外交流造就了灿烂辉煌的盛世文化。书法、绘画、音乐、舞蹈等各种艺术门类齐全，绚丽夺目。单就舞蹈而言，唐代的舞蹈在传统基础上继承发展，在民族融合中推陈出新，以蓬勃的生机在中国舞蹈史上留下了浓墨重彩的一笔。

在唐代日臻成熟的舞蹈体系中，内容丰富、形式多样的宫廷乐舞是其舞蹈艺术繁荣发展的典范。而在形形色色的宫廷乐舞中，尤以《秦王破阵乐》和《霓裳羽衣舞》最具代表性。

四 乐舞戏剧

《秦王破阵乐》又称《七德舞》，是唐代著名的歌舞乐曲。它源于公元620年秦王李世民击败叛军刘武周后所作歌曲。李世民继位后，亲自绘制《破阵乐图》，并由当时多才多艺的宫廷乐官吕才照图编舞，加工整理成了一出规模宏大、富丽堂皇的舞蹈节目。表演者披甲执戟，队形左圆右方，错落有致，变幻无穷。整个舞蹈共分为三个部分，每部分要变换四个阵势，充满了浓厚的战斗气息和阳刚之气。后来，这支舞蹈又在原有曲调的基础上融合进了龟兹的音调，使其更加华丽动听。

文化链接

观公孙大娘弟子舞剑器行

唐·杜甫

昔有佳人公孙氏，一舞剑器动四方。
观者如山色沮丧，天地为之久低昂。
㸌如羿射九日落，矫如群帝骖龙翔。
来如雷霆收震怒，罢如江海凝清光。
绛唇珠袖两寂寞，晚有弟子传芬芳。
临颍美人在白帝，妙舞此曲神扬扬。
与余问答既有以，感时抚事增惋伤。
先帝侍女八千人，公孙剑器初第一。
五十年间似反掌，风尘澒洞昏王室！
梨园弟子散如烟，女乐馀姿映寒日。
金粟堆南木已拱，瞿唐石城草萧瑟。
玳筵急管曲复终，乐极哀来月东出。
老夫不知其所往，足茧荒山转愁疾！

《霓裳羽衣舞》代表了盛唐时期舞蹈艺术的最高水准,传说为玄宗李隆基所作,并由其宠爱的杨贵妃作舞表演,其艺术特征对后代舞蹈体系的发展产生了重要的影响。该曲分为散序、中序和曲破三部分。散序部分为器乐演奏;中序和着节拍,且歌且舞;曲破为全曲高潮,以舞为主,兼有伴奏,声调铿锵有力,舞步惊艳绝伦。整部舞蹈节奏鲜明,技艺交融,刚柔相济,给人以极强的艺术感染力和视觉冲击力。

文化链接

唐玄宗喜好乐舞,设立梨园,乐工称梨园弟子(后世民间戏曲界供奉唐玄宗为祖师,并称演戏者为梨园弟子即源于此)。唐玄宗为道教所作之《霓裳羽衣曲》,被引为最得意的作品,是一种宫廷乐舞,用于在太清宫祭献老子时演奏。开元二十八年(740),杨玉环在华清池初次觐见时,玄宗曾演奏《霓裳羽衣曲》以导引。

唐代的舞蹈,已有自己相对成熟的分类方法。根据舞蹈风格、特点的不同,可分为"软舞"和"健舞"两大类。"软舞"节奏舒缓,动作优美抒情,以独舞或双人舞为主,演出规模不大,但对动作技巧的要求相对较高;"健舞"则节奏相对明快,动作矫捷雄健,"健舞"中以《胡旋》《胡腾》《剑器》《柘枝》等最为著名。

《胡旋》源于康国(今乌兹别克斯坦撒马尔罕),以节拍欢快奔放、动作旋转蹬踏为主要表演特点,故名胡旋舞。保存至今的龟兹(古西域城国名,在今我国新疆库车)壁画中,就有大量关于胡旋舞的表演形象。表演时,舞者身穿宽摆长裙,头戴饰品,站于台上左旋右转,宛如飘雪。据传武则天侄孙武延秀、唐玄宗时节度使安禄山("安史之乱"的主要发动人之一)等都是跳胡旋舞的能手。

唐代,绚丽多姿的舞蹈渗透于各个阶层,喜爱舞蹈之风盛行。唐太宗本人曾亲自绘制过舞谱,玄宗更是擅长乐舞戏曲,贵妃宠姬能歌善舞者不计其数。宫廷行宴时以舞自娱,无舞不欢。同时,民间街头巷尾、广场酒肆等地,也处处有艺人的身影,且观者如山,热闹非凡。社会各阶层普遍流行的爱舞之风与林林总总的舞蹈表演,是唐朝舞蹈发展走向辉煌的缩影。

敦煌莫高窟壁画上的胡旋舞

宋代的"队舞"与"舞队"

960年,赵匡胤陈桥兵变,黄袍加身,建立北宋。在新的政治、经济及社会环境的熏陶下,传统舞蹈进入一个盛衰兼具的新时期,在曲折中继续发展。

宋代舞蹈在承袭唐代舞蹈发展脉络的同时,又有所兴革。规模宏大的宫廷燕乐逐渐被抛弃,但技艺水平高超的表演性舞蹈"健舞""软舞"等却幸运地被继承和保留下来。在此基础上变革而来的宫廷歌舞形式称之为"队舞"。

宋代宫廷队舞是一种兼具礼仪、典礼、娱乐、欣赏等功能的综合类舞蹈。表演人数少则数十,多则上百,场面恢宏,多姿多彩。队舞有两种基本的组成形式,一种为七十二人表演的小儿队,另一种为一百五十三人表演的女弟子队。每队各有十个基本节目,其中较著名的如小儿队的柘枝队、剑器队、婆罗门队、醉胡腾队、玉兔浑脱队及女弟子队的菩萨蛮队、抛球乐队、拂霓裳队、采莲队、彩云仙队等,充满着浓郁的盛唐遗风。

宋代,农业、手工业和商业的快速发展,市民阶层的不断壮大,为民间舞蹈和其他表演艺术的发展提供了广阔的空间。此时,民间歌舞异军突起,盛况空前。大城市如北宋都城汴京(今河南开封)、南宋都城临安(今浙江杭州)等,出现了专门的表演场所瓦子(又称"瓦肆"或"瓦舍")。瓦子兴起后,主要以表演内容丰富的曲艺说唱杂技类艺术内容,供大众享乐消遣。北宋汴京城中,各类瓦子及大小勾栏等多达五十余座,其中最大的可同时容纳数千人。它们犹如我们今天的剧场,为大众提供了观赏各种表演的娱乐场所。

在瓦子中,各类技艺轮番上阵,不胜热闹。杂剧、杂技、影戏、小说(说书)、讲史等联袂登台;音乐类小唱、嘌唱、诸宫调、散乐等不绝于耳;舞蹈类相扑、舞旋、花鼓、舞剑、舞判、扑旗子等千姿百态。这些全部都是当时人们喜闻乐见的艺术表演形式,故而大受欢迎。据称当时人们为看表演"不以风雨寒暑,诸棚看人,日日如是","每日五更头回小杂剧,差晚看不及矣"。(《东京梦华录》)

河南焦作邹琼画像石墓《散乐图》

宋代民间舞蹈的繁荣,还表现在舞队(又称"社火")这种民间舞蹈乐队的兴起上。逢年过节,这些集音乐、舞蹈、武术、杂技等多种表演技艺于一身的舞队便开始张灯结彩,走街串巷,以游行队伍的形式展出表演,或集中于瓦子之中现场表演。宋代舞队节目形式多样、生动活泼,且充满浓厚的生活气息。其中比较著名的舞蹈节目,如《村田乐》《划旱船》《抱锣》《舞判》《扑蝴蝶》《扑旗子》《踏跷》《狮子舞》《竹马儿》等,异彩纷呈。

虽出身民间,但舞队的技艺水平却并不平庸,其中不乏身怀绝技之人。节日期间,各个舞队竞相演出,一较高下,节目演出有时排满一整天。这种情形使不少民间舞蹈得以保存至今,在传统民俗文化的传承与延续方面功不可没。

融合中的乐舞戏曲

元、明、清三代奠定了中国统一多民族国家的重要基础。尽管三代王朝由三个不同的民族创建而来,但中国在长期历史发展过程中形成的多元一体格局仍使中国的传统艺术文化得以传承和延续。元代以后,中国传统舞蹈的发展演变呈现出许多新的特点。

《扬烈舞》

首先,宫廷乐舞在继续发展的同时,更加突出民族特色。元代在承袭宋制、吸收融合西夏与金朝舞蹈的基础上,结合蒙古族自己的风俗信仰、生活习惯,创立了独具特色的元代燕乐。但明代后,宫廷乐舞却并未承袭元代,而是选择继承并发展了明显带有汉族文化特征的宋代宫廷宴乐。明亡清兴,宫廷礼乐制度承袭明代,除保留大量明代乐舞的传统外,也在其中融入了满族文化的印记,如在宫廷庆典筵宴中使用的《莽式舞》(乾隆八年，即1743年定名为《庆隆舞》），便是清朝宫廷舞蹈中最具满族特色的舞蹈。《庆隆舞》由《扬烈舞》和《喜起舞》两部分组成，本系满族传统舞蹈，清朝入主中原后，成为宫廷庆典筵宴所用乐舞之一。《扬烈舞》表演者为三十二人，一半穿黄画布，一半穿黑羊皮，模拟野兽，另有八名舞者扮作猎人，象征八旗人，骑马持弓射杀野兽，以表现满族骑射狩猎生活的原貌，歌颂先祖英武业绩。《喜起舞》由文武大臣着朝冠朝服入殿，两人叩头对舞，舞毕叩首而退。表演人数一般为十八人、二十人或二十二人，列队依次轮换表演。这种舞蹈实际上是宫廷礼制的一种体现。

清代黄瑞鹄绘制的《舞狮图》

其次，民间舞蹈繁荣依旧，且与各民族的宗教信仰、生活习惯、风土人情更加紧密地结合起来。元明清时期，随着大一统王朝局面的奠定，我国境内各民族在长期交往的过程中逐渐形成了以汉族为主体、包括五十多个兄弟民族的多元一体的民族大家庭。各民族在不同发展阶段形成的不同形态、不同风格的舞蹈艺术都为中华传统舞蹈艺术的发展注入了新的活力。

活跃于宋代民间的汉族舞蹈在其后的朝代中依然盛行，许多都已经发展成为我们今天所看到的舞蹈形式。其中有代表性的舞蹈如龙舞、狮舞、扇舞、秧歌舞、跑旱船、踩高跷等至今仍是我们传统节日中重要的娱乐项目，也是民俗文化的重要载体。少数民族的舞蹈发展同样毫不逊色，在描绘现实、反映生活、抒发感情、表达理想等方面甚至更为出色。少数民族能歌善舞，歌舞

四 乐舞戏剧

几乎成为人们日常生活不可或缺的组成部分。蒙古族的《倒喇》、满族的《太平鼓》、维吾尔族的《木卡姆》、傣族的《孔雀舞》、壮族的《打桩舞》、苗族的《芦笙舞》、土家族的《摆手舞》、藏族的《弦子舞》等，广泛流传于大江南北，成为中国古代舞蹈艺术发展史中别具风格的组成部分。

第三，元明清时期，戏曲艺术蓬勃兴起，在其发展过程中广泛汲取和借鉴了传统舞蹈的精华，二者有机结合，相得益彰。异彩纷呈的元杂剧表演中就穿插有舞蹈的场面，如元杂剧作家白朴在其代表作《梧桐雨》中，便安排有杨贵妃表演《霓裳羽衣舞》的场景。在明清传奇剧盛行的时代，舞蹈同样发挥着重要的艺术价值，并日益成为戏曲艺术的有机组成部分。

知识名片

《龙舞》是汉族百姓最喜爱的民间舞蹈之一。舞龙至今仍然活跃于我国广大地区，是春节期间必不可少的娱乐节目。气势磅礴、有滋有味的表演场景震撼人们的心灵。清代为我们留下许多春节期间舞龙灯的热闹场面，如清人金江声在《武林踏灯词》中写道：

画鼓声喧百面雷，烛龙惊起上春台。

游人尽道开光好，争向龙神庙里来。

梨园春秋

古典戏曲是中华民族传统文化的一个重要组成部分,富于艺术魅力的表演形式、别具一格的艺术价值,使其成为中国传统文化的瑰宝,并与古希腊悲喜剧、印度梵剧并称为世界三大古剧。

别开生面元杂剧

中国古典戏曲起源于原始歌舞,脱胎于秦汉的乐舞百戏,至宋元之际才得成型,并于元代走向成熟。元杂剧的出现是戏曲发展史上的重头。

元杂剧又称"北杂剧"或"元曲",是一种在金院本(金代一种民间表演艺术用的底本)和诸宫调(一种用多种宫调曲子联套演唱各种故事的表演)的基础上,吸收糅合前代戏剧、曲艺等表演形式后形成的一种新的戏曲形式,是我国历史上各种表演艺术融合演进的结果。元杂剧诞生之初以大都(今北京)为中心,流行于北方地区。元灭南宋统一中国后,逐渐发展成为全国性剧种。

作为一种成熟的戏剧形态,元杂剧具有完整、严密的结构形式,每出剧通常都由四折戏和一个楔子组成,用以演述一个完整的故事。这种剧本结构形式称为"四折一楔

壁画"大行散乐忠都秀在此作场"

四 乐舞戏剧

子"，是元杂剧结构形式中最为常见的一种。所谓"折"，是剧本故事情节发展的一个自然段落，或一个固定场景的戏，又是剧曲音乐组织的一个单元，相当于现代剧的"幕"或"场"。"四折"是与故事情节发展所对应的开端、发展、高潮、结尾四个阶段。每折均由一个有严格程序的套数构成，以对应戏剧起、承、转、合的结构体制。四折戏外，为交代故事情节或贯穿线索，通常会在第一折前或折与折之间，穿插一小段独立的戏，称为"楔子"。全剧之首的楔子相当于现代剧的序幕；而折与折之间的楔子，其作用也与后来的过场戏相似。当然，根据剧情需要，元杂剧也有超出四折，或不用楔子的，这种灵活多变的特点，使元杂剧无论是内容还是结构都变得更加丰富多彩。

在元杂剧发展的过程中，随着戏曲内容的充实和丰富，杂剧角色的分工也渐趋细密，主次也更为明显，借以表现不同性格、不同类型的人物。元杂剧的角色一般分为旦、末、净、杂四大类。旦，是女角，女主角称正旦，其余有贴旦、外旦、大旦、小旦、老旦、花旦等；末为男角，男主角为正末，其余有外末、副末、冲末、二末、小末等；净，一般为滑稽人物或反面角色，有副净、净、丑等；而杂是除以上三类外的演员，角色称谓根据人物性格、年龄、职业、社会地位的不同而异，有驾（皇帝）、孤（当官）、卜儿（老妇人）、细酸（读书人）等。

元杂剧题材广泛，五彩斑斓。凡宋元时期政治形态、社会生活、风俗习惯、宗教信仰、民间传说、奇闻逸事等，无所不有。有反映现实生活的写实作品，如关汉卿的《窦娥冤》《蝴蝶梦》《鲁斋郎》，郑廷玉的《看钱奴》等；有以历史故事或传说为题材的历史剧，如关汉卿的《单刀会》、纪君祥的《赵氏孤儿》等；有讴歌男女爱情与

关汉卿

婚姻的爱情剧,如关汉卿的《拜月亭》、白朴的《墙头马上》及郑光祖的《倩女离魂》等;还有描写神仙鬼怪的,如马致远的《黄粱梦》《岳阳楼》,及郑廷玉的《忍字记》等。这些不同题材的作品,以通俗的文体形式,从不同方面、不同角度真实再现了元代社会生活的面貌,充满着浓厚的时代感。

元杂剧时代,群星璀璨,佳作如云。据统计,元代有名可考的作家作品总数不下五百,无名氏可考的五十余种,加上元明之际的无名氏作品,总数多达七百余种,数量相当可观。其中的旷世杰作如关汉卿的《窦娥冤》、王实甫的《西厢记》、郑光祖的《倩女离魂》、白朴的《梧桐雨》及马致远的《汉宫秋》等,全面而真实、生动而多彩地反映了元代社会生活的面貌,对后来戏曲艺术、文学美学的发展产生了深远影响。

元杂剧为古典戏曲表演艺术的发展奠定了坚实的基础,也为明清时期各种戏曲艺术的繁荣确立了典范。元杂剧不仅是一种成熟的戏剧形态,还是一种最富于时代特色、最具有艺术魅力的文学作品。其思想内容、文学素养、艺术成就都达到了前所未有的高度,成为继唐诗、宋词之后又一不朽的文学艺术样式,堪称我国古代文学艺术宝库中耀眼的明珠。

文化链接

元杂剧四大悲剧:关汉卿的《窦娥冤》、马致远的《汉宫秋》、白朴的《梧桐雨》,以及纪君祥的《赵氏孤儿》。

元杂剧四大爱情剧:王实甫的《西厢记》、关汉卿的《拜月亭》、白朴的《墙头马上》,以及郑光祖的《倩女离魂》。

四 乐舞戏剧

明清传奇有经典

明清传奇是继元杂剧后中国传统戏曲发展的又一座高峰。"传奇"一词源于唐代的文言短篇小说,因其内容多为人间世态、奇闻轶事或传奇故事,遂被后人冠以"传奇"或"唐传奇"的称谓。宋、金、元时期,宋杂剧、金院本、诸宫调、元杂剧和南戏等也曾被人们称作传奇。明嘉靖以后,传奇成为有别于北杂剧的、以演唱南曲为主的长篇戏曲的代名词,同时也是各类戏曲声腔演出所用剧本的称呼。

明清传奇在宋元南戏的基础上发展而来,因而带有浓厚的南方戏剧特征。同时,它还广泛融合了北曲声腔和元杂剧的精华,成为一种新的别出心裁的艺术形式。传奇在明清两代的发展和繁荣,开创了中国传统戏曲艺术的新气象。

明代是中国古典戏曲璀璨发展的时期。明初至隆庆年间(1522—1572),是传奇体制确立的时期。在这一时期,随着戏曲活动的广泛流行,南戏逐渐形成了许多不同特色的声腔剧种,而在众多地方声腔中,海盐腔、余姚腔、弋阳腔和昆山腔脱颖而出,流播甚广,影响空前,被合称为"四大声腔"。四大声腔中成就最高者,当数经过著名戏曲家魏良辅改良后流行全国的昆山腔。昆山腔继承了宋元以来的南曲唱曲艺术,以唱腔华丽、表演细腻、曲词典雅等特点著称,被后世誉为"百戏之祖"。而用昆山腔演唱的传

明代《南都繁会图》中的昆曲演出场景

奇新作《宝剑记》《鸣凤记》《浣纱记》等的成功,将传奇的创作推向高潮,嘉靖后大多数传奇剧本新作都逐渐向昆山腔靠拢。

明万历至崇祯末(1573—1644),传奇的创作与演出进入鼎盛时期。传奇作家灿若繁星,作品喷薄涌现,使明传奇呈现出一派繁荣景象。而以汤显祖为代表的一大批传奇作家,成为将明传奇推向顶峰的重要力量。

文化链接

四大传奇

元末明初,南戏中出现了《荆钗记》《白兔记》《拜月亭记》和《杀狗记》四部经典传奇剧本,人称"四大本""四大记",是南戏中除《琵琶记》外最负盛名的作品。这四部作品实际上已是早期传奇的代表作,被合称为"四大传奇"。

汤显祖(1550—1616),字义仍,号海若、若士、清远道人,明代著名戏曲家、文学家。出身于书香门第,广学博识,尤其擅长戏曲创作,作品之中尤以《牡丹亭》《紫钗记》《邯郸记》和《南柯记》四部(合称《玉茗堂四梦》或《临川四梦》)最为人称道。《牡丹亭》更被公认为明代戏曲的巅峰之作,它是中国古典戏剧乃至世界戏剧史上浪漫主义的杰作。作品通过主人公杜丽娘和柳梦梅生死离合的爱情故事,表现了青年男女对自由与爱情的向往,洋溢着追求个人幸福、要求个性解放、反对封建制度的浪漫主义色彩。剧中主人公杜丽娘也成为中国古典戏曲中刻画最为成功、最为生动的妇女形象之一。

除汤显祖外,同时期还有一位影响较大的戏曲作

四 乐舞戏剧

家沈璟(1553—1610)对传奇发展的贡献同样重要。沈璟对词曲颇有研究,一生著有传奇十七种,同时还精通音律,探究曲学,将戏曲理论加以完善。在剧本创作方面,沈璟主张更加注重戏剧自身的艺术特性以适合舞台演出。他在词曲方面的突出造诣及艺术主张在当时得到了广泛关注,受其影响者甚众,后形成明代戏曲文学的重要流派——吴江派。

康熙年间,剧坛涌现出洪昇与孔尚任两位优秀的戏曲作家,两人齐名于世,被誉为"南洪北孔"。他们分别以《长生殿》和《桃花扇》叱咤清代剧坛,时人赞叹"两家乐府盛康熙,进御均叨天子知。纵使元人多院本,勾栏争唱洪孔词"(金埴《题桃花扇传奇》)。这两部划时代作品的问世,将明清传奇再次推向高潮。

《长生殿》通过描写唐玄宗与杨贵妃的爱情故事,以宫廷生活为主线,朝政军国之事为辅线,穿插社会政治的演变,生动刻画了唐王朝兴亡变迁的历史画面。该剧线索清晰,内容丰满,情节跌宕起伏,曲词清丽典雅,其艺术性之高为当时传奇所罕见。

《桃花扇》则是一部宏伟的历史悲剧,它以明末清初复社文人侯方域和秦淮名妓李香君的爱情始末为线索,将主人公的命运与波折同国家兴亡结合起来,将聚散离合、朝政得失交织成一部雄伟悲壮的史诗,以生花妙笔展现明末动荡不安、朝代更替时代下的社会生活。康熙三十八年(1699),孔尚任的《桃花扇》一经诞生,在京城引起巨大轰动,"王公荐绅,莫不借抄,时有纸贵之誉","长安之演《桃花扇》者,岁无虚日",盛况空前,足见其影响之大。

"南洪北孔"的出现,宛如夜空中交相辉映的双星,永远映衬在中国古典传奇剧坛绚烂多彩的天空中。

文化链接

秦淮无语送斜阳,家家临水映红妆。
春风不知人事改,依旧欢歌绕画舫。
谁来叹兴亡?
青楼名花恨偏长,感时忧国欲断肠。
点点碧血洒白扇,芳心一片徒悲壮。
空留桃花香。

——《桃花扇·题记》

徽汉合流创国粹

明末清初,地方戏曲异军突起。作为全国政治、经济、文化中心的北京城,同样也是戏曲发展的中心。在这里,各类地方戏曲争奇斗艳,融合交流。京城戏曲舞台上最早盛行的是昆曲(昆山腔),乾隆中叶后,昆曲日渐走向衰落,京腔(源于弋阳腔)取而代之,成为戏曲舞台上的新宠儿。实际上,除昆山腔与弋阳腔外,此时流行于民间的声腔、剧种还有梆子腔、楚腔、秦腔、乱弹腔、吹腔、二黄调、弦索腔等,诸腔杂陈,并与昆腔、弋阳腔两大声腔形成竞争,传统戏曲进入"乱弹"时代。

山东潍坊杨家埠木版年画——清代版戏曲人物(《空城计》)

乾隆五十五年(1790),为庆祝乾隆皇帝八十寿辰,扬州盐商江鹤亭等组织"三庆"班进京演出。"三庆"班

四 乐舞戏剧

属徽班之一,以唱吹腔、高拨子、二黄为主,兼唱昆腔、四平腔、梆子等各种腔调。祝寿戏演罢,"三庆"班留在京城继续演出,轰动一时,很快压倒秦腔成为流行。随后,"四喜""和春""春台"诸班陆续进京,同台竞技,声名随之显赫,逐渐主导京城戏曲舞台,史称"四大徽班"。徽班在表演艺术方面博采诸家剧种之所长,不断推陈出新,剧目丰富多彩,颇受京城观众欢迎。徽班入京,为日后京剧的形成奠定了基础。

道光八年(1828),汉戏声腔(亦称汉调,一种清中叶流行于湖北汉水一带的地方戏种)演员陆续入京,并参与徽班的合作演出。在徽汉两班合作过程中,汉戏演员将声腔曲调、表演技能、演出剧目等融于徽戏之中,两调相互融合,逐渐实现合流。与此同时,徽班也从昆曲、弋阳腔、秦腔等地方戏曲中不断汲取营养,吐故纳新。为适应观众需要,他们还对演唱语言进行了改造。这些变化的出现,意味着改良后的徽班相比从前已经有了质的飞跃,一个新的剧种自此应运而生。它,就是京剧。

京剧诞生之初,已有生、旦、净、末、丑五大行当的划分,后来由于不少剧种中的"末"行已逐渐归入"生"行之中,故将生、旦、净、丑作为京剧表演行当的四种基本类型,每类行当内部还有细致的进一步分工。"生"是扮演男性角色的一种行当,有老生、小生、红生、武生、娃娃生等,是京剧表演中最为重要的行当之一。

京剧脸谱

"旦"是女性角色的统称，其中又有青衣、花旦、武旦、刀马旦、老旦、贴旦等行当。"净"，俗称花脸，在京剧中又称铜锤或黑头，大多扮演的是相貌、品质、性格等有特性的男性人物，表演时面部多运用图案化的脸谱，音色浑厚洪亮，风格粗犷。"丑"，通常扮演插科打诨的滑稽角色，因在鼻梁上抹一小块白粉，俗称小花脸，又有文丑和武丑之分。

京剧是一门以表演为中心的综合性艺术。在其发展壮大的过程中，曾涌现出许多杰出的表演艺术家。

程长庚、余三胜、张二奎等是京剧形成初期的杰出代表。他们在演唱及表演风格上各具特色，却同领风骚，时称"老生三杰"。程长庚是三庆班的班主，其唱腔脱胎于徽调，同时兼收汉调、昆曲诸腔之长，被誉为京剧的奠基人之一。余三胜原为汉调名角，进京后搭春台班表演，嗓音醇厚，声调优美，在长期表演的实践中丰富了京剧唱腔的旋律。张二奎为四喜班头牌老生，嗓音洪亮，唱功高超，他的演唱同时还吸收北京地方语音的特点，一改徽调、汉调、昆曲等晦涩的语音，以迎合北方观众的习惯。三人均为京剧艺术的发展做出了贡献，并由此开创了京剧史上最早的三个流派——"徽派"（程长庚）、"汉派"（余三胜）和"京派"（张二奎，故又称"奎派"）。

清光绪年间，民间画师沈容圃参照清代中期画师贺世魁所绘《京腔十三绝》戏曲人物画的形式，挑选同治、光绪年间在京剧舞台上享有盛名的十三位演员，用工笔重彩将他们的剧装画像描绘出来，命名为"同光名伶十三绝"。画中名伶各个身怀绝技，是京剧艺术的重要奠基人，代表了当时京剧发展的最高水平。他们分别为谭鑫培、杨月楼、程长庚、卢胜奎、张胜奎、徐小香、时

四 乐舞戏剧

小福、梅巧玲、余紫云、朱莲芬、郝兰田、刘赶三和杨鸣玉。

同光十三绝

这幅画问世之时,恰逢京剧鼎盛时期,对于我们了解当时演员的扮相、服饰及前辈艺术家的风采,都是极为珍贵的文献资料。

民国时期,京剧的发展延续了同光时代的辉煌。民国六年(1917)以来,大批优秀京剧演员的涌现,将京剧的发展推向流派纷呈、人才辈出的繁盛局面。

1927年,北京《顺天时报》举办了中国首届"京剧旦角最佳演员"的评选活动。结果,梅兰芳、程砚秋、尚小云、荀慧生四位旦角名伶当选,并因此赢得京剧"四大名旦"的美誉。梅兰芳的端庄典雅,程砚秋的幽咽婉转,尚小云的刚劲明快和荀慧生的柔媚娇婉自此叱咤京剧舞台数十载。

民国"四大名旦"的珍贵合影(后左起依次为荀慧生、梅兰芳、尚小云,前为程砚秋)

作为20世纪20年代京剧舞台上脱颖而出的艺术新星,"四大名旦"不仅凭借精湛的唱功技艺、独特的表演风格名震一时,还在其各自独特艺术风格的基础上,开创了我国京剧旦角行当中的梅、程、尚、荀四大艺术

两获"四大须生"的马连良《赵氏孤儿》程婴剧照

知识名片

梅兰芳：进军好莱坞的第一人

1929年，应美国邀请，梅兰芳先生率领梅兰芳剧团赴美国好莱坞演出。

当时美国盛行歌剧、话剧、杂剧。和歌剧不讲话、话剧不演唱、杂剧没情节相比，中国京剧集合了说、唱、演等艺术手法，进入美国后引起巨大轰动。当时梅兰芳先生"男唱女角"的中国男旦写意艺术特色，广受美国观众好评，一曲《天女散花》将中国传统的长绸舞引入京剧，舞台上彰显出云动、风动、花从天上落的美妙意境，令美国人如痴如醉。

流派，从而改变了过去老生唱主角的单一格局，形成了京剧舞台"旦角挑班唱戏"的新局面，为京剧艺术的创新发展奠定了基础。

与此同时，京剧的另一重要行当——老生的发展同样不甘示弱，四位著名的京剧老生艺术家余叔岩、言菊朋、高庆奎、马连良亦凭借各自独树一帜的表演风格创立新的艺术流派，时称"四大须生"。20世纪30年代末，"四大须生"新老交替，除马连良经久不衰外，技艺青出于蓝的谭富英、杨宝森、奚啸伯后来居上，接替余叔岩、言菊朋、高庆奎成为京剧老生新的领军人物，被誉为"后四大须生"。

以"四大名旦"和前后"四大须生"为代表的民国京剧艺术表演家的大量涌现，成为这一时期京剧艺术走向鼎盛的重要标志。

作为一种集文学、美学、音乐、舞蹈等多种艺术元素于一身的戏曲形式，京剧在北京崛起后，迅速流传全国。经过数代艺术家的千锤百炼，京剧最终成为我国最具代表性的戏曲剧种。作为"国剧"，京剧综合了中国传统文化艺术的优秀成果，集中体现着中华民族厚重的文化底蕴和历史传统，凝聚着中华民族的民族智慧与传统美德，是中华文化不朽的艺术瑰宝。

五 衣冠风流

自古以来，中华文明就以衣冠礼乐之先进著称于世。服饰是时代的产物，表现出了时代的印记和审美倾向，同时包含着深厚的文化内涵。秦汉的古朴、盛唐的绚丽、晚清民国的中西合璧，服饰是一种有颜色的语言，述说着衣冠风流，阐释着社会的演化与进步。

古朴的秦汉服饰

公元前221年,秦王嬴政凭借"六王毕,四海一"的宏大气势,统一中国,汉代"承秦后,多因其旧"。秦汉时期王朝整齐有序,服饰趋于丰富与精工,彰显古朴与庄重。

国色里的名堂

五行与国色

"国色"是从华夏文明的历史演进中锤炼出来的。中国古代对国色的崇尚并非出于人民的兴趣爱好,也不是为了满足感官的审美需求,而是王朝政治的象征。帝王承天革命,必改正朔,易服色,把国色视为与国体国运息息相关的大事。中国古代的国色不仅受到传统五色观的影响,更是被深深打上了阴阳五行的烙印。

五行学说是中华民族朴素的世界观,《尚书·洪范》中这样记载:"五行:一曰水,二曰火,三曰木,四曰金,五曰土。水曰润下,火曰炎上,木曰曲直,金曰从革,土爰稼穑。"五行相生又相克。战国时期阴阳家邹衍又在此基础上提出了"五德始终"的历史循环论并以此学说来为历史变迁、朝代嬗变做解释。

"阴阳五行"与"五德始终"带有浓厚的神秘色彩,为王朝更替和颜色推崇提供了理论依据,每个朝代必

五行、五色、五方图

以"五德"中的一"德"作为立国之本,也以某一颜色为国色。以木为德,则其色崇青;以土为德,则其色崇黄;以金为德,则其色崇白;以火为德,则其色崇红;以水为德,则其色崇黑。故虞以土德王,尚黄色;夏以木德王,尚青色;商以金德王,尚白色;周以火德王,尚红色。

秦汉国色

公元前221年,秦始皇建立了我国历史上第一个中央集权国家,为巩固统治,建立了包括衣冠服制在内的各项制度。秦始皇推崇"五德始终"说,代周而立,根据五行相克说,自认以水灭火,以水德得天下,尚黑。黑色成为秦代服装的主要颜色。秦人常以三尺黑布包头,因此秦代百姓又称"黔首"。"衣服旄旌节旗皆上(尚)黑","郊祀之服皆以袀玄",百官朝会,必穿黑色朝服,皇帝也常服"玄衣绛裳"(即黑色的上衣和深红色的下衣,亦以黑色为主色调)。

秦始皇

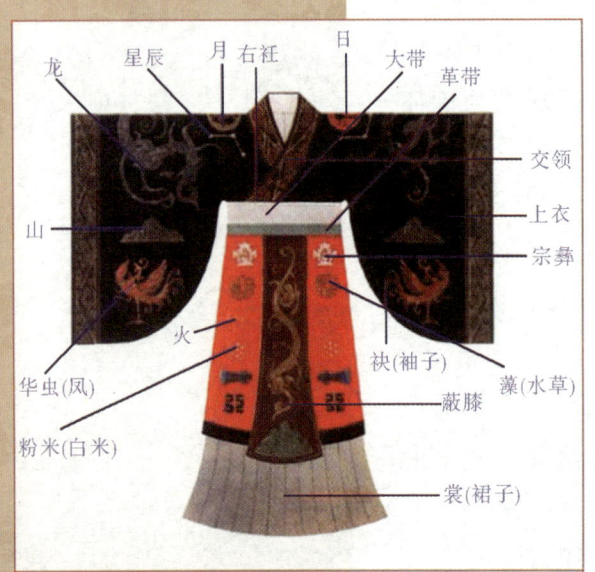

冕服(汉代)

公元前202年,刘邦建立西汉,对秦朝的旧有服制多"因循而不革",仍以"袀玄,长冠"为祭祀之服。但西汉前期服色制度颇为混乱,赤色和黄色都曾成为朝服的正装颜色。高祖刘邦认为:"汉承尧运,德祚已盛,断蛇著符,旗帜上赤,协于火德,自然之应,得天统矣。"自称"赤帝之子",尚红。汉文帝时,贾谊建议"汉兴二十余年,天下和洽,宜当改正朔,易服色制度",公孙臣提出"始秦得水德,今汉受之,推终始传,则汉当土德,土德之应黄龙见。宜改正朔,易服色,色上黄",但因故未能推行,朝会服色仍沿用秦制以黑为上。汉武帝即位后,"太初元年夏五月,正历,以正月为岁首,色上黄"。西汉中期以后,确立了黄色尊贵、崇高的地位。

公元25年,东汉建立,王朝对服色的推崇逐渐产生了变化。汉光武帝于建武二年(26)"始正火德,色尚赤"。自此,刘秀确立下来的这一服色制度贯穿东汉王朝的始末。天子冠服皆以红色为上,服色"玄上纁下"。

中国古代对颜色的崇尚包蕴着王朝权力、国运以及治国思想。秦汉国色与国运的联系正是中国古代王朝更替和追求正统的集中体现。

秦始皇时代的坚甲利兵

秦始皇统一天下后,推行了"书同文、车同轨、兼收六国车旗服御"政策,建立起包括衣冠服饰在内的各种制度。靠强大军事力量奠定秦帝国基业的秦始皇对军队建设尤其重视。秦代军服特征,从秦始皇陵兵马俑出土的陶俑中可见一斑。

秦始皇陵兵马俑位于陕西临潼秦始皇陵东侧1.5千米处,1974年发掘后轰动全球,被誉为"世界的奇迹",它规模宏大,气势恢宏,阵容威武整齐而又独具特色。出土的秦俑塑造精巧,形象逼真,其服饰、冠履和发式刻画十分细致真实,这些实物为研究秦代武士服饰提供了最真实、最具体的形象资料。

兵马俑的军服风采

根据考古发现,秦陶俑的军服衣甲样式繁多,是依据兵种作战时的实际需要而设计配备的。主要分为军官和士兵两类。

知识名片

黄巾起义

东汉末年,朝廷腐败,边疆战事不断,国势日趋疲弱。全国大旱颗粒不收,而赋税不减。公元184年,张角高喊"苍天已死,黄天当立,岁在甲子,天下大吉"的口号,聚众起义。他们头扎黄巾,史称黄巾军。以五行推至继秦之水德当为土德,土为黄色,而东汉尚红,故黄天当立以斥汉之赤红,立黄为天。

步兵俑

秦代的军官分高、中、低三级,其中将军的服装是全部军服中最讲究的一种。将军身穿双重长襦,外披彩色铠甲,下着长裤,脚穿翘尖履,头戴鹖冠。中级军官戴长冠,身着长襦或交领右衽褶服,外穿前胸甲或齐边甲,裹护腿,足登方口齐头翘尖履。下级军吏身穿长襦,外披铠甲,头戴长冠,穿护腿或行縢,足穿浅履。

秦俑士兵分为步兵、骑兵和御车兵三种。步兵身穿长襦,下穿短裤,腿扎胫衣,足穿浅履或短靴,轻装步兵俑不披甲,重装步兵俑穿铠甲。骑兵身穿胡服,外披齐腰短甲,下穿围裳、长裤,脚穿平头履,头戴赤钵头。御车兵的服装为长襦和铠甲,扎护腿,穿浅履,戴长冠。

御车俑

秦代军服中铠甲的色彩和结构繁简是区分官兵地位和身份的主要依据之一。将军的铠甲是最精细别致的,甲衣由前后两部分组成,前身较长,有倒三角形的下摆,后身甲衣较短且形状是齐平的。全身甲片不多,为赭色金属制作的鱼鳞甲,甲衣周边都装饰缘边,缘边上都是用矩纹锦制作的宽边。甲衣的肩顶部分没有甲片,而是以米黄色作为衬底,装饰着若干个彩带扎的花结。中级将领穿带彩色花边的前胸甲或齐边甲,胸、背及肩部没有甲片,周边用革带镶边,甲片赭色,连甲带呈红色。下级军吏的铠甲不仅不绘彩色,并且甲片比其他级别的军官也要大一些。

五 衣冠风流

战士的甲衣甲片大，数量少，做工粗糙，样式普通。其中重装兵铠甲主要由甲身、背甲和披膊三部分组成，三者之间用牛皮绳或麻线穿连在一起，甲身前长后短。骑兵铠甲由前后两部分组成，双肩无披膊，后身略短。御车兵铠甲分两种，一种是双肩没有臂甲的铠甲；一种是特质的甲衣，脖子上有方形胫甲，双臂臂甲与护手甲连在一起，加强对身体的保护作用。

秦朝士兵的铠甲大多用整片的皮革或厚实的织棉等材料制作，上面穿缀金属或犀牛皮做的甲片。秦军带甲百万，为了便于携带和作战，大量使用皮甲；同时，为了壮军威，衣甲色彩鲜艳。秦俑的服装是以色觉艳丽的红、绿色为主，上衣的领缘和袖缘的颜色与上衣的颜色呈鲜明的对比色，如红色上衣则镶粉绿色缘，粉绿色的上衣则用朱红或粉紫的缘；上衣与下裳的颜色搭配也采用鲜明的对比色，如朱红色的上衣配以粉绿色或天蓝色的下裳，粉绿色的上衣配以朱红或粉紫色的下裳，从而使其更显绚丽；铠甲也是彩绘，呈褐色，并且配有朱红络组和甲扣，用色可谓浓烈大胆。彩绘陶俑的颜料多为矿物质颜料，但是时隔两千多年，俑坑历史上曾经遭受过火焚、塌陷、自然侵蚀等，当秦俑再次出现在世人面前时，其躯体已经支离破碎，彩绘也大多脱落，仅存斑驳残迹，只有极个别的陶俑相对完整，身上残存颜色较多。

秦俑的发式

秦俑的发式也很丰富多彩。已发现的秦俑人物都梳发髻，工匠们采用了模拟写实的手法，使每一个人俑都栩栩如生，展现与众不同的个性。

从秦俑的发式可以看出来，秦人流行蓄长发，并把

秦俑

秦俑色彩复原图

秦始皇陵兵马俑中所见帻巾样式

头发编成辫子,绾成发髻。秦朝的发式,基本都是为战斗服务的,发髻齐整、结实,可以节省在征战途中梳理头发的时间。发髻基本有两种:椎髻、扁髻。

椎髻的造型和编制方法复杂,种类较多。梳这种发髻的兵俑一般为地位比较低的兵卒。椎髻有多种样式,如单髻、双髻、多髻等。有的椎髻结辫后不带任何冠巾,有的在发髻上带"帻"。秦俑中所见帻巾样式繁多,有全裹,有半裹,有制成圆帽形或人字形,也有打结成各种花样的。其中圆帽形帻巾顶端隆起,形状为上小下大的圆锥形,巾筒较深,可以将多数头发罩在帻内。为了能够方便佩戴帻巾,秦俑的椎髻多为圆斜状的。

在已发现的秦俑人物中大部分戴冠者都梳扁髻。扁髻是将头发在脑后归拢,分成六股辫子,编紧之后,紧紧盘贴在脑后部,这样形成的发髻凸起得不明显。还有一种扁髻不编辫子,而是直接将头发梳理整齐折叠贴于脑后,所形成的发髻与头顶平齐。除了戴冠的军官梳这种扁髻外,少数不戴冠的兵卒也会梳这种发髻。冠是秦俑中区分兵将身份的重要标志之一。

汉代的冠服

韵味十足的冠冕

冠是古人在早期狩猎活动中,受到鸟兽的冠角启发而发明的。"上古穴居而野处,衣毛而帽皮,未有制

五 衣冠风流

度。后世圣人……见鸟兽有冠角髯胡之制,遂作冠冕缨緌,以为首饰。"起初,发冠只是用以包裹发髻,人们戴发冠是为了生活方便,同时也有一定的美观装饰作用,对于发冠的样式则没有什么具体的规定。但是随着人类文明的进步和发展,其等级标志日趋明显和严格。"冠有法制,故从寸","谓之尊卑异服",尤其到了汉代,汉高祖对秦代以前比较杂乱的冠制进行较为严格的规定,也奠定了汉代以后封建王朝诸冠的基本形制。成语"冠冕堂皇"即来源于此。

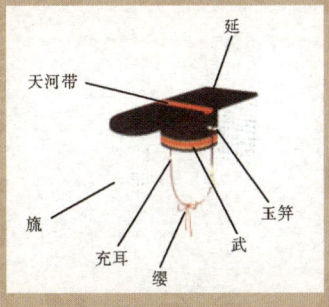

冕冠(汉代)

通过冠帽就可以区分出一个人的官职、身份和等级,或通过不同的冠帽来表达不同场合的礼节和仪式。汉代的冠帽样式繁多,主要有冕冠、长冠、委貌冠、法冠等。

冕冠是汉服中冕服里的冠式,是帝王臣僚参加祭祀大典时穿用的,始于周代,也称"旒冠",俗称"平天冠"。戴冕时前端略低于后,呈前倾状,用来象征戴冠者俯伏谦逊。冕冠主要由延、旒、帽卷、玉笄、武、缨、纩、紞等部分组成。戴冕冠时穿冕服,与蔽膝、佩绶各按等级配套。

长冠也称斋冠,又称刘氏冠。这种冠帽为高祖早年所造,所以后来被定为官员的祭服,配黑色绛缘领袖的衣服,绛色裤袜,并规定爵非公乘以上,一律不得服用,以示尊敬。

委貌冠又名玄冠,以黑色的丝织物制成。长七寸,高四寸,上小下大,形如覆杯。公卿、诸侯、大夫等人行大射礼时则服之。戴此冠时,必须穿着玄端素服。

法冠又称獬豸冠。獬豸是传说中的神兽,能分辨是非曲直。它头顶犄角,见人争斗,会用犄角抵触理屈者。所以,法冠为执法者所戴。法冠本为楚王之冠,传楚王

长冠

曾获此兽,制成此冠,秦灭楚后赐执法近臣,汉沿用为御史常服。

除此以外,汉代冠帽还有建华冠、方山冠、术士冠、却非冠、却敌冠、樊哙冠、通天冠、远游冠、高山冠、进贤冠、巧士冠等,多达数十种以上。汉代冠与服饰是配套的,也分祭服和朝服,并且冠式都是前高后低,倾斜向前。所有冠式中最主要的有两种,一种是文官所戴的进贤冠,一种是武官所戴的武牟大冠。汉冠制度对后世影响颇大,历代冠制都是在此基础上稍加变化而成,一直持续到明代。

知识名片

弱冠——古代男子的成人礼

古时候,不论男女都要蓄留长发,等他们长到一定的年龄,要为他们举行一次"成人礼"的仪式。男行冠礼,就是把头发盘成发髻,谓之"结发",然后再戴上帽子。在《说文》里,冠,弁、冕之总名也,谓之成人。《礼记·曲礼上》:"(男子)二十曰弱冠。"意思是,举行冠礼,并赐以字。冠岁,意思就是男子二十岁了,说明他刚刚到了成人年龄,二十岁也称"弱冠之年"。

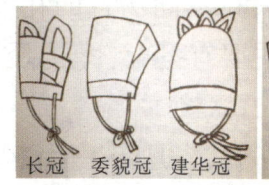
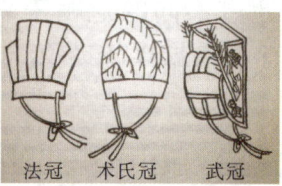
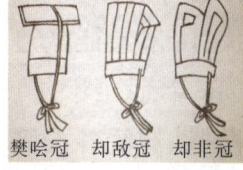
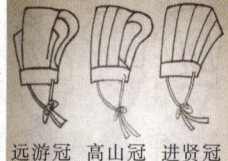
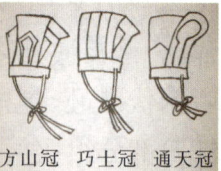

被体深邃:深衣

"上衣下裳"是我国古代的一种服饰制度。汉代服装名目繁多,上衣主要有襦、袭、深衣,下衣则男裤女裙。

深衣起源于虞朝的先王有虞氏,郑玄曰:"深衣,连衣裳而纯之以采者。"孔颖达曰:"所以称深衣者,以余服则,上衣下裳不相连,此深衣衣裳相连,被体深邃,故谓之深衣。"因为"被体深邃",因而得名。通俗地说,就是上衣和下裳连在一起,用不同色彩的布料作为边缘

（称为"衣缘"或者"纯"），其特点是使身体深藏不露，雍容典雅。

汉代男子的袍服是深衣制，服装样式根据衣裾绕襟与否，大致分为曲裾、直裾两种，长度短不可见脚踝，长不可拖地。曲裾为战国时期流行的深衣，汉代仍然沿用，但多见于西汉早期。深衣衣领和袖口都是装饰花边。深衣衣袖有宽窄两种，袖口有明显的收敛，袖身宽大的部分叫袂，袖口紧小的地方叫祛。交领右衽，领子以袒领为主，一般穿着时露出里面的衣服，穿衣服时，每层领子必露于外，最多的达三层以上，时称"三重衣"。衣服通身紧窄，下摆平齐，一般呈喇叭状，常打一排密褶裥，有些还裁成月牙曲状。直裾，是东汉时一般男子所穿的，衣襟相交至左胸后，垂直而下，直至下摆。直裾只是常服并不能作为正式礼服在隆重场合穿着。

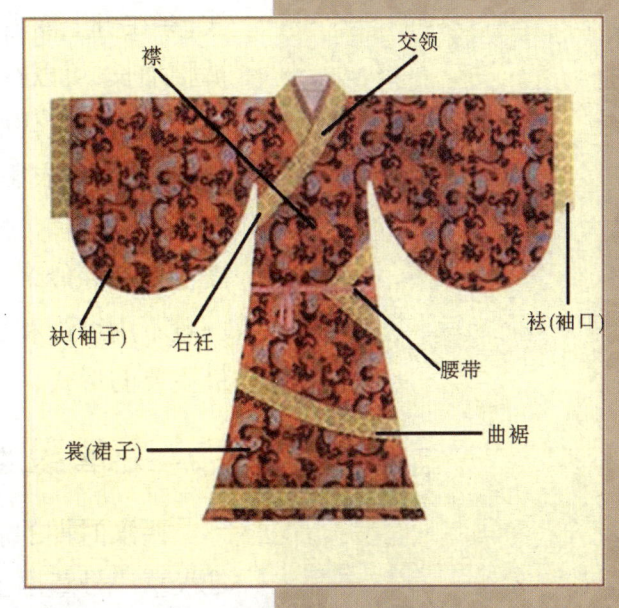

曲裾深衣（汉代）

汉代妇女礼服也采用深衣制。《续汉书·舆服制》："太皇太后、皇太后入庙服，绀上皂下，蚕，青上缥下，皆深衣制。"所以，深衣是男女通用的服装。只是女子深衣款式与男子有所不同，其显著特点是衣襟绕转层数加多，腰身裹缠得很紧，并且用一条绸带系扎腰间或臀部，衣服的下摆呈喇叭状，这样可以更好地把女子身体的曲线美凸显出来。

汉代男子的外衣主要是襦和袭。襦是一种短款上衣，填有棉絮；袭是一种不着棉的短上衣。

除了深衣作为朝服以外，男子一般穿襦裤。裤子在先前多为无裆裤,将士骑马打仗时穿全裆裤。裤子在汉代得以逐步完善。汉代男子所穿的裤子有裤裆,但是很浅,穿在身上露着肚脐,并且没有裤腰,裤管很肥,后来裤腰加长,可以在腰部用带子系住。

深衣是汉代妇女的礼服,常服叫袿衣,样式类似深衣,《释名·释衣服》:"妇人上服曰袿,其下垂者,上广下狭,如刀圭也。"衣服底部有两个尖角垂在衣旁。此外,汉代女子一般多穿襦裙。这种裙子上窄下宽,呈梯状,一般不用纹饰和缘边,是中国古代历史上女子服饰中最主要的形式,一直沿袭到清代。

马王堆汉墓里的秘密

西汉时期的服饰实物,1972年在湖南省长沙马王堆汉墓一号墓出土的物品最为集中和完整,出土的纺织品除了少量的麻布外,绝大多数是丝织品,大部分放在几个竹笥之中,除十五件相当完整的单、夹绵袍及裙、袜、手套、香囊、巾、袂外,还有四十六卷单幅的绢、纱、绮、罗、锦和绣品。绢、绮、罗、纱、锦等,这些织物色彩斑斓,单是颜色就有十余种,如朱红色、红青色、金黄色、香色、藕色、白色、黄色、棕色、绛紫色、灰色等。印花方法有印花敷彩和金银粉印花。除此之外,这些纺织品的纹饰丰富,做工考究,除了传统的菱形图案外,还有各种云纹、卷草纹、变形动物纹等。出土的丝织品中最能反映汉代纺织技术发展状况的是素纱和绒圈锦。素纱禅衣衣长128厘米,通袖长190厘米,由上衣和下裳两部分构成。交领、右衽、直裾。面料为素纱,缘为几何纹绒圈锦。素纱丝缕极细,共用料约2.6平方

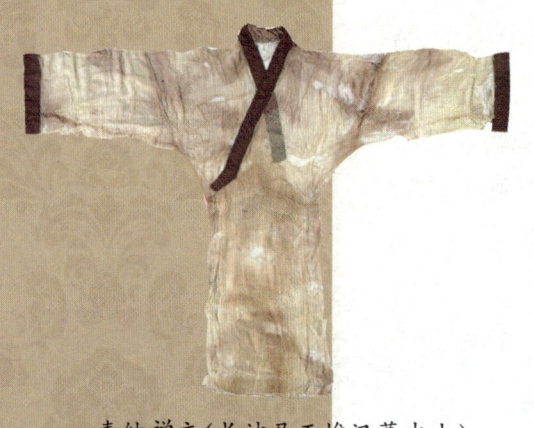

素纱禅衣(长沙马王堆汉墓出土)

米,重仅49克。可谓"薄如蝉翼""轻若烟雾",且色彩鲜艳,纹饰绚丽,足以代表西汉初养蚕、缫丝、织造工艺的最高水平。

马王堆汉墓一号墓还出土了一百多件木俑,根据衣着判断,大体有戴冠男俑、着衣女侍俑、着衣歌舞俑、彩绘立俑、乐俑等几种类型。

马王堆汉墓的发掘,为研究西汉初期手工业和科学技术的发展,以及当时的历史、文化和社会生活等方面,提供了极为重要的实物资料,对我国的历史和科学研究均有巨大价值。

奏乐俑(长沙马王堆汉墓出土)

绚丽的盛世唐装

唐代是中国社会发展和民族大融合的鼎盛时期，国家的强大、文化的开放，促使唐代服饰文化在华夏传统的基础上推陈出新，并形成了雍容大度、百美竞呈的特点。因此，唐装在中国服饰变迁中很具有代表性。尤其女装，更显唐代服饰文化的主流与时尚。

英气洒脱的男装

唐朝男子的服式较为单一，但也在传统汉服与北方民族服式融合的基础上创制出具有时代特质的服装新形式，身穿圆领袍衫、头戴幞头、腰佩革带、足登长靿皂革靴是唐代男子的主要服装样式。这样的装扮既潇洒飘逸，又不失英姿飒爽的气度。

圆领袍衫，属上衣下裳连属的深衣制，文官袍略长至足踝或及地，武官衣略短至膝下。袍衫一般为圆领、右衽，于领口、袖口、衣裙边缘施加贴边，衣服前后衣襟下缘各接横襕。衣袖有直袖和宽袖两种袖式，直袖窄紧便于活动，宽袖潇洒华贵，尽显风度。穿圆领袍衫时，头戴幞头，足蹬长靿皂革靴，腰束革带。由于圆领袍衫简单、随意，深受时人喜爱，但由于袍服过于简单难以辨别等级，于是唐朝服色的规定就日趋严格。《旧唐书·舆服志》记载："武德初，因隋旧制，天子燕服，亦名常服，

唐太宗李世民

五 衣冠风流

惟以黄袍及衫,后渐用赤黄,遂禁士庶不得以赤黄为衣服杂饰。"因为唐人认为赤黄近似太阳之色,太阳是帝王尊位的象征,"天无二日,国无二君"。所以赤黄(赭黄)除皇帝以外,官民一律不得僭用,至唐高宗中期总章元年(668),黄色成为帝王的象征,并一直延续到清朝灭亡。此后,黄袍加身则象征着拥有帝位。960年赵匡胤陈桥兵变,称帝建宋,从而使黄袍正式成为皇权的象征。唐人所束革带,也与服色一样必须依照品级的高低采用不同的质料。《旧唐书·舆服志》云:"上元元年(674)八月又制……文武三品以上服紫、金玉带,四品服深绯,五品服浅绯,并金带。六品服深绿,七品服浅绿,并银带。八品服深青,九品服浅青,并瑜石带。庶人并铜铁带。"

(唐)着软幞头,戴牛角簪,穿圆领开祄衣、乌皮六缝靴,执弓、刀、箭囊武弁加金彩白石立雕像。

唐代品色服制的正式确立,为中国古代官服制度增加了新的内容,成为继冕服和佩绶制度后第三种能有效区分等级的服饰标志,并一直影响后世。

唐代男子首服幞头,是一种包头的巾帛。相传始于北齐,始名帕头,至唐始称幞头。封演《封氏闻见记》卷五载:"幞头之下别施巾,象古冠下之帻也。"裹幞头时,要在额前打两个结,然后在脑后扎成两脚,并使其自然垂下。幞头造型不断变化,开始是平头小样,武则天赐给朝贵臣内高头巾子,又称为"武家诸王样"。唐中宗赐给百官英王踣样巾,式样高踣而前倾。唐玄

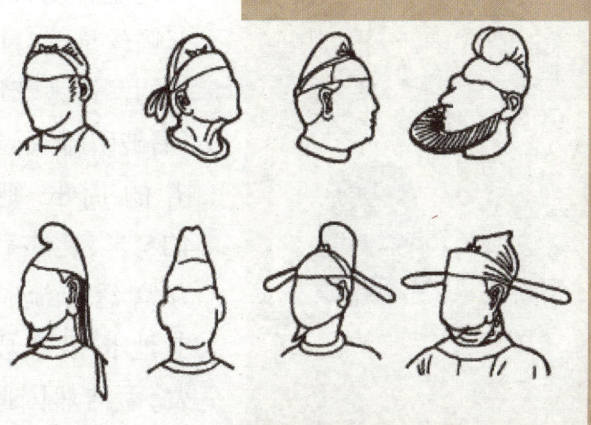

唐五代幞头形状的演变

知识名片

乌纱帽

幞头原是民间常见的一种便帽，因所用纱罗通常为青黑色，故也称"乌纱"，后代俗称为"乌纱帽"。官员头戴乌纱帽起源于东晋，但正式作为官服的一个组成部分，却始于隋朝，兴盛于唐朝。隋唐时，天子百官士庶都戴乌纱帽。但为适应封建社会的等级制度，隋朝用乌纱帽上的玉饰多少显示官职大小：一品有九块，二品有八块，三品有七块，四品有六块，五品有五块，六品以下就不准装饰玉块了。到宋朝时，加上了双翅。乌纱帽按照官阶在材质和式样上是有区别的。明朝以后，乌纱帽正式成为做官为宦的代名词。

宗开元十九年（731）赐给供奉官及诸司长官罗头巾及官样巾子，又称官样圆头巾子。到晚唐时期，巾子造型变直变尖。最后演变成衬有固定的帽身骨架、展角造型完美的乌纱帽，至明末清初被满式冠帽所取代。

百美竞呈的女装

"荷叶罗裙一色裁"——多姿的裙襦

唐代女装在魏晋南北朝的基础上，发展成裙、衫（或襦）、帔三大构件。如唐人小说《仙传拾遗》中有"黄罗银泥裙，五晕罗银泥衫子，单丝罗红地银泥帔子，盖益都之盛服也"。

唐代前期流行紧身窄小的服装款式，裙子流行高腰或束胸、贴臀、宽摆齐地的样式，既体现人体的曲线美，又能表现富丽潇洒之美。对此，白居易在其诗《新乐府·上阳白发人》中写道："小头鞋履窄衣裳，青黛点眉眉细长。外人不见见应笑，天宝末年时世妆。"衣裙的款式到盛唐以后日趋宽松肥大。当时的宽体衣裙，通常用五幅丝帛缝合而成，也有用六幅、七幅、八幅，甚至十二幅的。诗人李群玉言"裙拖六幅湘江水"，诗人曹唐说"书破明霞八幅裙"。六幅裙的周长达3.18米，而八幅裙的周长则达4.15米，比古代西方宫廷中流行的曳地长裙还要肥大。孟浩然因此吟咏道："坐时衣带萦纤草，行即裙裾

敦煌66窟"十六观"中的妇女，初唐，梳高髻，穿臂间带有装饰褶裥假袖的大袖襦裙。

五 衣冠风流

扫落梅。"这种肥大的宽松裙,还要配搭假发,高髻,插很多的金钗、银篦、金步摇之类的头饰,这从某种程度上反映出当时豪华侈靡的社会风尚。

唐朝的裙装款式很多,瑰丽多姿。其中最为流行的有石榴裙、郁金裙、单丝碧罗笼裙、毛裙,此外还有唐诗中所涉及的诸多裙式,如"上仙初着翠霞裙""荷叶罗裙一色裁""两人抬起隐花裙""竹叶裙""碧纱裙""新换霓裳月色裙""粉霞红绶藕丝裙"等。唐代女裙除了款式众多外,图案也丰富多彩,仙鹤、鹦鹉、蟠龙、对凤、狮子、蝴蝶、葡萄、蔓草、宝相花等是常用的图案,精巧美观,装饰性极强。唐代裙裾的纹饰加工也非常讲究,白居易《戏代内子作诗贺兄嫂》诗云:"金花银泥饶兄用,罨画罗裙任嫂裁。""银泥"是用银粉绘画的纹饰,"罨画"是五彩的手绘花纹。此外,裙子用金缕刺绣、印花、织花、彩色相间等工艺加工的,更为多见。

唐李爽墓壁画人物。左:梳双鬟望仙髻,硬衬曲领半臂,穿窄袖小衫、条纹间色高腰裙。右:梳堕马髻,穿小袖衫、帔帛、高腰缬裙。

敦煌329窟唐供养人。梳椎髻,穿桃形领半臂、薄纱小衫,窄袖紧袖,下系间色条纹高腰裙。

唐代的襦是一种衣身短小的夹衣或棉衣。衫是无袖单衣,却长至胯或更长。唐朝的窄袖襦、衫,领子造型比较丰富,除了普通的圆领、方领、鸡心领等,还有许多异形领口。领口开得比较大。穿襦衫时下面所穿的裙子比较瘦长,裙腰高及胸上,有时还在窄袖衫外面罩一件半袖短衫,称"半臂"。这种风格的襦裙搭配给人以修长、轻盈的印象。

半臂和帔帛是襦裙服的重要组成部分。半臂一般对襟,齐腰,在胸前结带。帔帛通常由轻薄的沙罗制成,上面印有图纹,用时将它披搭在肩上,并盘绕于两臂之间，走起路来，飘逸俏丽。唐代莫高窟壁画、永泰公主墓壁画及《宫乐图》等都有窄小襦裙帔帛的画像。如《步辇图》中的宫女，即着窄衣长袖，朱绿长裙，加帔帛。

《步辇图》

但是这些做工考究的襦裙只是统治阶级的奢侈品，对于处于社会底层的广大劳动妇女而言，裙子一般是色泽平淡的杂色围裙，"记得绿罗裙，处处怜芳草"只是对个别底层妇女日常生活的生动刻画。

"红裙妒杀石榴花"——艳丽的色彩

唐代女子多喜欢色彩浓艳的裙子，其中红色尤其受到追捧，成为时尚。无论是"一枝红艳露凝香"（李白《清平调》）的杨贵妃、"紫袖红弦明月中"（白居易《夜筝》）的抚琴者，还是"红绡带缓绿鬟低"（白居易《闺

妇》)的闺妇、"血色罗裙翻酒污"(白居易《琵琶行》)的歌女,"开箱验取石榴裙"(武则天《如意娘》)的武媚娘,均是身着鲜艳的红色裙子。在红裙之中,又以石榴红裙最为流行。因石榴裙是以石榴花印染而成,呈现大红色,唐诗中多以石榴花喻红裙,如李白诗"移舟木兰棹,行酒石榴裙",白居易诗"眉欺杨柳叶,裙妒石榴花",杜审言诗"桃花马上石榴裙",万楚诗"红裙妒杀石榴花"等,石榴裙受到许多青年女子的喜爱,渐渐就成了美女的代名词,迷恋女子则被称为"拜倒在石榴裙下"。

绿裙、黄裙也是唐代妇女喜欢的裙装。戎昱《送零陵妓》写道:"宝钿香蛾翡翠裙。"戴叔伦《江干》中有:"杨柳牵愁思,和春上翠裙。"李商隐《牡丹》中"垂手乱翻雕玉佩,招腰争舞郁金裙"所吟的郁金裙,就是黄裙。据说,杨贵妃就最喜欢穿黄裙。绛、紫亦是唐代妇女裙装常用的色彩。王涯《宫词三十首》"绕树宫娥著绛裙"、杨衡《仙女词》"金缕鸳鸯满绛裙"、卢照邻《长安古意》"娼家日暮紫罗裙",都是显例。

"惯束罗衫半露胸"——开放的形制

唐代周濆《逢邻女》有云:"日高邻女笑相逢,慢束罗裙露半胸。莫向秋池照绿水,参差羞杀白芙蓉。"这首诗从侧面描述了唐代社会风气的开放、思想文化的活跃,也表现了唐代女子对美的追求。

唐代社会的妇女以健肥壮硕为审美标准,其"丰肌"为世人所好。除此之外,肌肤白皙粉嫩仿佛弹指可破也是唐代审美的条件之一。《长恨歌》中"温泉水滑洗凝脂"即是在形容杨贵妃的白嫩肌肤;杜甫《丽人行》的描述"长安永远多丽人,态浓意远淑且真,肌理细腻骨

穿窄袖长裙、披帛、袒胸的唐代妇女。(唐永泰公主墓石椁线刻)

肉云"就足以说明晶莹剔透的皮肤、丰盈的体态、浓艳的妆饰已是衡量妇女美的标准。

于是,袒领服在唐代尤其是盛唐时期的妇女中广为流行。袒领服为一种半袒胸的大袖衫襦,衣料为纱罗制品。在永泰公主墓壁画中,宫廷女官们上衣衣领都低至胸部。陕西唐代李重润墓中石椁上的宫装女子像,身穿宽领短衫,领口开敞。施肩吾《观美人》"漆点双眸鬓绕蝉,长留白雪占胸前"等诗句,均对袒胸装作了形象的描写。

《簪花仕女图》中仕女头戴花冠,身着袭地长裙,裙腰及腋,衣领开敞,外罩一件轻薄透明的宽大长衫,一条轻盈的长帔帛随意地搭在肩头。那舒缓、飘逸犹如行云流水的动感与仕女婀娜的娇姿相辉映,更显迷人的风韵。

由于妇女们都热衷于低胸的外衣,所以出现了一种新式内衣,当时叫"诃子"。它使用的是一种特殊的面料,叫作"织成",保证内衣不会掉落。

唐代女子通过开放的服饰表达出自己对自由的渴望,大胆表露自己妩媚的线条,大显女子的自信与风姿。

《簪花仕女图》

五 衣冠风流

倾城最在着戎衣

《礼记·内则》载"男女不通衣服",女子着男装在中国古代封建社会是较为罕见的现象,但是在唐代,穿圆领缺骻袍、腰系蹀躞带、脚蹬乌皮靴的女子也颇多见,"妇人为丈夫之服",女着男装的风气在唐代颇为盛行。这一现象可以从历史文物反映出来,唐高祖李渊孙妇金乡公主墓葬中有两具女性骑马狩猎俑,两具女俑都身着白色圆领窄袖缺骻袍,腰系褡裢,足蹬黑色高靿靴,一身典型的男装装束。另据学者统计,从643年的长乐公主墓到745年的苏思墓,共有二十九处墓地的壁画中有女着男装的形象。这种风气我们还可以从《虢国夫人游春图》《挥扇仕女图》等古代形象资料里见到。唐代画家张萱《虢国夫人游春图》中九个骑马随行的女子中,有五人穿的是男式圆领袍衫、长裤和靴子,头裹幞头。传统文献对此也有反映。《旧唐书》记载,武则天幼时曾"衣男子之服",术士袁天纲以为"郎君子",曰:"必若是女,实不可窥测,后当为天下之主矣。"这段记载借术士之口意在宣扬武则天生就一副帝王之相,日后她废唐改周是由天注定的。术士之说往往经民间加工,虽不足为据,但是我们可以由此得知,在初唐,已有女子着男装的现象,武则天绝非特例。

《虢国夫人游春图》

《挥扇仕女图》

女着回鹘装形象

(唐)高髻,团花锦翻领小袖胡服妇女残绢画。(新疆吐峪沟出土)

从已有的文献记载和画像资料中可以看出,这些着男装的女子一般头戴幞头,或扎布条,或露髻,身穿圆领或翻领长袍,腰束带,下身着花裤,脚蹬女式线鞋,有些上下俨然男装,她们双手或隐于袖中,或捧包袱等物。这种形象初看起来很容易被认作男性,但面容、神态、身态等仍明显地显露出女性的柔媚。唐代女着男装的服饰现象,是大唐文化博大精深、包容开放的具体表现。

唐代女子着男装是胡气浸染的结果。初唐到盛唐间,北方游牧民族匈奴、契丹、回鹘与中原交往甚多,加之丝绸之路的骆驼商队络绎不绝,对唐代服饰影响极大,胡服普遍被汉人所穿着,并广泛流行于妇女之中形成一种风尚。胡人,是汉族人对北方民族的一种泛称。所以,唐代所谓的胡服,实际上包括西域地区的少数民族服饰和印度波斯等外国服饰。根据文献资料分析,唐代盛行胡服的原因,可能与当时舞蹈流行有关,当时宫中除了霓裳羽衣舞以外,胡旋舞是最流行的乐舞之一。而西域各国如康国、史国等都曾向唐朝廷进贡胡旋舞女,元稹诗云:"自从胡骑起烟尘,毛毳腥膻满咸洛,女为胡妇学胡妆,伎进胡音务胡乐……胡音胡骑与胡妆,五十年来竟纷泊。"唐玄宗酷爱胡舞胡乐,杨贵妃、安禄山均为胡舞能手,白居易《长恨歌》中的"霓裳羽衣舞"

即是胡舞的一种。所记当时“臣妾人人学团转”的激动人心的场面也是可以想象到的。《安禄山事迹》记载：“天宝初，贵游士庶好衣胡帽，妇人则簪步摇，衣服之制度衿袖窄小。”从出土的现有石刻线画中可以看出，这些着胡服的女子大体形象为上戴金锦浑脱帽或束高髻，有的发髻上耸如俊鹘展翅，身着窄袖紧身翻领小袖长衣，下着小口长裤，腰系金花装饰的钿镂带，足登软锦透空靴。《新唐书·五行志》称：“天宝初，贵族及士民好为胡服胡帽，妇人则簪步摇钗，衿袖窄小。杨贵妃常以假髻为首饰，而好服黄裙，时人为之语曰：‘义髻抛河里，黄裙逐水流。’”新疆吐峪沟发现的唐代残绢画一部分，虽然损毁几多，领袖拼合及手臂处理位置也未必是本来样子，但是根据相当完整的头部，依然能够想象女着胡服的时尚与英姿。

图一　图二　图三　图四

左：(唐)浑脱金锦帽、翻领小袖长衣、着鞊鞢带胡服女侍石刻线画。中：(唐)浑脱金锦帽、翻领小袖长衣、着鞊鞢带、条纹裤、锦靿靴胡服女侍石刻线画。右：(唐)高髻、翻领小袖长衣、着鞊鞢带、条纹裤、锦靿靴胡服女侍石刻线画。

图一、图二：(唐)高髻、圆领小袖长衣、佩承露囊侍女石刻线画。图三：(唐)裹巾子、圆领小袖长衣、佩承露囊侍女石刻线画。图四：(唐)高髻、翻领小袖长衣、佩承露囊侍女石刻线画。

云鬓花颜金步摇

发型和发饰

唐代妇女十分重视头部的化妆，发髻样式早期比较简单，多如三饼平云重叠，基本上还是承袭前代遗风，后来，随着妇女对发式和发髻的日益讲究和装饰，发髻样式越来越多式多样，头上插戴簪、钗、金叶、银篦、珠玉、宝石及鲜花，既承袭前代遗风，又刻意创新。

根据段成式《髻鬟记》、宇文氏《妆台记》及《新唐书·五行志》等书的记载和已出土的唐代墓壁画、女俑，不难发现唐代发髻名称众多，概括起来，有倭堕髻、螺髻、反绾髻、半翻髻、惊鹄髻、愁来髻、同心髻、交心髻、拔丛髻、回鹘髻、扁形髻、堕马髻、高髻、低髻、凤髻、小髻、侧髻、囚髻、偏髻、花髻、云髻、双髻、宝髻、飞髻等。唐代妇女发式主要分为髻、鬟、鬓三大类，观察女俑的发型，可以发现基本为上梳、平梳、下梳三种。初唐时期，女子沿袭隋代旧式，发髻比较简单，变化也比较少，多做平顶式，到了贞观年间，妇女们讲究发式，发髻日渐高耸，并出现高髻、义髻、飞髻、螺髻、反绾髻等。《新唐书·五行志》说，贵妇人以假髻为首饰，曰义髻。唐代妇女浓密的头发、丰润的身姿、高耸的发髻，就像长安城的黄口小儿童谣里唱的那样，"城中好高髻，四方高一尺"。

唐代女子发髻式样

五 衣冠风流

文化链接

唐代女子的假发

唐代女子的假发名曰义髻。史料记载，公元8世纪时，大量人发从中国东北和朝鲜送到了长安。除了巫术使用和药物使用，这么多的人发还要用来制造假发髻。义髻启蒙于汉代的巾帼，汉时用木、纸或布帛制作，用时戴于头上。唐人增加了毛发编织一项。元稹《追昔游》中记录："义梳丛髻舞曹婆。"柳宗元的《朗州员外司户薛君妻崔氏墓志》里用"髲髢峨峨"赞美崔氏。髲髢，即假发。杨贵妃偏好义髻，"常以假髻为首饰"。"安史之乱"时玄宗率众出逃，弃物遍地，其中就包括杨贵妃的义髻。

这样的风气，连唐高祖李渊也感到奇怪，《旧唐书·令狐德棻传》记载他曾向令狐德棻询问"妇人髻竞为高大，何也？"令狐认为人的头部最重要，把发髻梳得高大也有道理。周昉绘的《簪花仕女图》上，几名穿纱衣的仕女都是梳着高髻，唐代叫作峨髻，高可达一尺以上，尽显女郎们的雍容华贵。总的来看，唐代妇女的发髻，由隋代的顶部平整渐趋上耸，到太宗时已梳得很高，而且形式也日益繁多。其中最俏美的属半翻髻，这种发式，把头发梳起，用刀形，直竖发顶，再朝两侧翻斜，有的称"单刀半翻髻"；有的稍微变化，称"双刀半翻髻"。日本考古学家原田淑人《中国唐代的服装》中认为"半翻髻似相当于新疆发掘

左上图：单螺髻（新疆古墓壁画）。右上图：《捕蝉图》（章怀太子墓壁画）。左下图：半翻高髻（博物馆馆藏）。右下图：鸟髻（新疆古墓出土）。

唐敦煌壁画乐廷瓖夫人行香图家属部分(范文藻摹)

'树下美人图'的头发"。孙机《唐代妇女的服装与化妆》中认为:"如西安乾封二年(667)段伯阳墓陶女俑的髻,既颇高,顶部又向下半翻,似即半翻髻;这种髻在永泰公主墓石椁线雕中亦可见。"

唐代妇女用各种簪钗来装饰髻鬟。因为唐代妇女髻式复杂,约发用具的种类也很多。形制华美,色彩绚丽,常见的有钗、簪、步摇、钿、栉具几大类,其中,钗和簪最普遍。

"逢郎欲语低头笑,碧玉搔头落水中。"诗中不小心滑落的"玉搔头"就是玉簪,据《西京杂记》卷二说,是因为汉武帝在李夫人处曾取玉簪搔头之故。白居易诗"碧玉搔头落水中",即沿用此名称。其中单股的为簪,双股的为钗。簪源于先秦之笄,用以固髻,后于顶端雕镂纹饰,所以簪体加长。唐代簪花风尚驰名中外。敦煌莫高窟唐代壁画上的妇女,头上簪有数朵美丽的鲜花。著名的唐代《簪花仕女图》中的五位妇女,身披轻纱,头绾高髻,髻上簪有特大的花朵。有的簪真花,有的簪假花。唐代杨国忠任右丞相时,杨氏兄妹极端奢侈。杜甫的《丽人行》:"头上何所有?翠为厄叶垂鬓唇。"其中的"厄叶",即髻上的花饰。可见,当时的贵妇人是极其讲究发上的花饰。据说,唐玄宗每年十月幸临华清宫,杨国忠姊妹五家扈从。每家为一队,着一色衣,五家合队照映,如百花盛开。

钗以装饰为主,又名花钗。唐代后妃、命妇所簪"花树",实际上就是

唐代的花钗

五 衣冠风流

较大的花钗。它们往往是一式两件,图案相同,方向相反,多枚左右对称插戴。其质地有竹、角、金、银、牙、玉等多种。钗的形式多种多样,永泰公主与懿德太子墓石椁线刻画中女侍之钗,有海榴花形的和凤形的,但每人只插一件或两件。湖北安陆王子山唐吴王妃杨氏墓所出钗头上接或焊以宝相花形饰片,分十二瓣,嵌以宝石。西安韩森寨唐雷氏妻宋氏墓出土的八瓣宝相花形饰片,以细小的金珠连缀成花叶,嵌以松石,花心还有一只小鸟。随着髻鬟的高度增加,有的钗长度达30～40厘米,如西安南郊惠家村唐大中二年墓出土的双凤纹鎏金钗长37厘米,钗头有镂空的双凤及卷草纹。

"云鬓花颜金步摇"是白居易《长恨歌》中对杨贵妃妆饰的描写。步摇是唐代妇女首饰中的精品,钗首制成鸟雀状,雀口衔挂珠串,随步行摇颤,倍增韵致。《释名·释首饰》:"步摇,上有垂珠,步则摇动也。"步摇一般多用金玉制成鸟雀形簪钗,在鸟雀的口中,衔一挂垂珠,人一走动,串珠便会摇颤。陕西乾县唐李重润墓出土的石刻等,即绘有插戴这种步摇的妇女形象。

除此以外,唐代女子喜欢在发髻上插几把小小梳子,当装饰,讲究的用金、银、犀、玉或牙等材料,露出半月形梳背,所以唐人诗有"斜插犀梳云半吐"语。

南唐金镶玉步摇

张萱《捣练图》

面 妆

唐代妇女面部的化妆可谓别出心裁，一般顺序是敷铅粉、抹胭脂、涂鹅黄、画黛眉、点口脂、描面靥、贴花钿。

铅粉古称粉锡或铅华，夏商时已经出现，用途跟现在的遮瑕粉差不多。抹胭脂在唐代可以说是最常见的美容内容。唐代女子涂抹胭脂都非常厚，史书记载，杨贵妃到了夏天所流的汗都是红色的。唐代妇女用青黑色颜料将眉毛画浓，叫作黛眉，描成细长的叫蛾眉，粗而宽的叫广眉。《长恨歌》还写道："花钿委地无人

唐代花钿的式样

收，翠翘金雀玉搔头。"花钿是一种额饰，贴于眉间。以金箔片、黑光纸、云母片、鱼鳃骨等材料剪制成各种花朵之形，尤以梅花最为多见。最有意思的是，甚至蜻蜓翅膀也能用来做花钿。唐代花钿的颜色主要有红、黄、绿三种，红色是最常见的。面靥可以是画的也可以是贴的，点在双颊酒窝处，形状像豆、桃杏、星、弯月等，多用朱红，也有黄色、墨色。斜红是描在太阳穴部位的红色装饰。在唐女子的妆面中，还有另外一项非常重要的步骤，那就是点唇，将唇脂一类的装饰品涂在嘴唇之上，突出唇形。唇脂就是我国最早出现的口红，主要是由朱砂融合动物的油脂制成，色泽感很强。当时点唇以娇小浓艳为主要特点，且变化多端。

还有一种颇具特色的面饰，指的是在妇女面颊上用丹青、朱红等颜料绘出各种图形，如月形、钱形等。有的装是画贴结合，多做两颗黄豆般的圆点，有的妇女喜欢用浅绛色点唇。这就是"故着胭脂轻轻染，淡施檀色

注歌唇"。据说,我国古代甘肃祁连山盛产红蓝花,匈奴人称祁连山为焉支山。古人把焉支山的花制成膏汁、粉类,用于化妆。

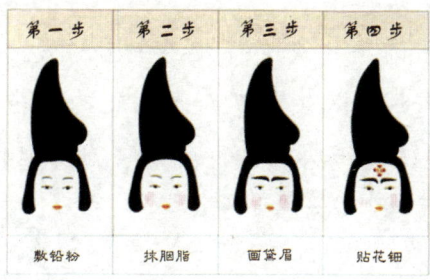

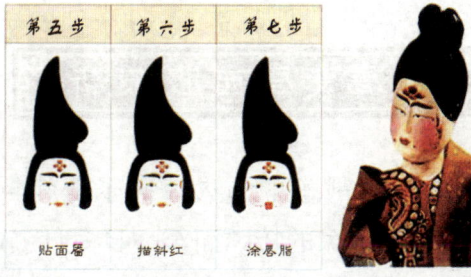

唐代妇女化妆顺序图表

文化链接

关于花钿的传说——梅花妆

南朝《宋书》载:"宋武帝女寿阳公主,人日卧于含章殿檐下,梅花落额上,成五出花,拂之不去,经三日洗之乃落,宫女奇其异,竞效之。"故称"梅花妆"或"寿阳妆"。

中西合璧的旗袍与中山装

1840年的鸦片战争打开了中国的大门,在中国社会进步思潮以及西方外来文化的冲击下,服饰变革的潮流开始萌动。中西合璧的旗袍和中山装,历经百年变迁,尽显繁华。

晚清变局西服东渐

1840年,鸦片战争的炮火攻破了清朝封闭的国门,西方资本主义国家的接踵而至,对华夏民族的蹂躏宰割,让步入近代以后的清廷国力式微,摇摇欲坠难以为继。面对列强的侵略,中国的一些有识之士奋起抗争,发起了洋务运动。为挽救危亡,洋务派提出"中学为体,西学为用"的救国方略,派遣大批留学生到国外学习,并且改练新军。在中国留学生和军人中最先出现了西方学生的操衣、操帽与西式军装、军帽。康有为、梁启超等极力推行维新变法,进一步倡导断发易服。洋装的输入,提供了评判美的另一种标准,直接影响社会服饰观念的变更。

1911年辛亥革命风暴骤起,推翻了中国历史上最后一个封建王朝。1912年1月1日,中华民国成立,并宣布"国民服制,除清官服应行禁止穿戴外,一切便服悉暂照旧,以节经费而便商民"。同年,颁布《服制》,规定官员不分级别,都以西式大氅或燕尾服作为大礼服,

末代皇帝溥仪与末代皇后婉容

五 衣冠风流

裤为西式长裤。常服可用西式或袍褂，丧礼在臂上围黑纱。女子礼服，上装是对襟衫，下穿裙子。这一系列政策为西式服装在中国的普及清除了政治障碍，同时也把传统苛刻的礼教与风化观念丢在了一边。

西装逐渐成为男子的时髦服装。尽管西装在清末已有留洋学生等人穿着，但毕竟为数尚少，民国之初《服制》颁布以后，"改西装者日益众"，"服公务者，多用西装"，"惟在外游学诸生……所著服装较为特异，男有洋装革履"。穿西装者不仅人数日多，而且流行的范围也越来越广。连末代皇帝溥仪也追逐时尚，剪辫易服，穿起了西装。

但是在老百姓中仍然是中式服装的天下。民国时期的长袍马褂袭自清朝，但款式花样已有所不同。民国时期，马褂对襟窄袖，下长至腹，前襟有纽扣五粒。长衫一般是大襟右衽，长至踝上两寸，在左右两侧的下摆处开有一尺左右的小衩，袖长与马褂齐平。穿着方式也比较自由，可长衫马甲，也可长衫西裤配西式礼帽、白色围巾、锃亮皮鞋。这种中西合璧的穿着方式是这一时期男子的典型装束，也是思想更新的表达。在西服东渐的大环境下，西装革履与长袍马褂并行不悖。

陈丹青油画《国学研究院》

此外，孙中山先生设计的中山装也逐渐流行开来。同时，女子新式旗袍初成。

文化链接

林语堂《论西装》（节选）

许多朋友问我为何不穿西装。这问题虽小，却已经可以看出一人的贤愚与雅俗了。倘是一人不是俗人，又能用点天赋的聪明，兼又不染季常癖，总没有肯穿西装的，我想。在一般青年，穿西装是可以原谅的，尤其是在追逐异性之时期，因为穿西装虽有种种不便，却能处处受女子之青睐，风俗所趋，佳人所好，才子自然也未能免俗。至于已成婚而子女成群的人，倘穿西装，那必定是他仍旧屈服于异性的徽记了。人非昏聩，又非惧内，决不肯整日价挂那条狗领而自豪。在要人中，惧内者好穿西装，这是很鲜明彰著的事实。

风韵婀娜的旗袍

旗袍，是一种内与外和谐统一的典型传统旧时服装，被誉为近代中国女性时装的代表。它以其流动的旋律、潇洒的画意与浓郁的诗情，表现出近代中国女性的贤淑、典雅、温柔和清丽，诠释了20世纪上半叶中国城市女性特有的时尚性情与气质。

源头——旗女之袍

《辞海》中"旗袍"一词定义为："原为清满洲旗人妇女所穿的一种服装……辛亥革命后，汉族妇女也普遍采用。经过不断改进，一般式样为直领，右开大襟，紧腰身，衣长至膝下，两侧开衩。有长、短袖之分。"

五 衣冠风流

旗袍是袍子的一种，是清宫历代沿袭的服装。旗袍最初是腰身上小下大、底摆肥大，袖管细窄，长至手背。清中期演变为直身式，袖管呈喇叭形，袖口宽大。到了清后期袍身细瘦，下摆窄小，袖管由宽变窄，逐渐合体。元宝领用得十分普遍，领高盖住腮碰到耳，袍身多绣以各色花纹，领、袖、襟都绣有多重宽阔的绲边。到了咸丰、同治年间，妇女衣服上的绲条道数越来越多，号称"十八镶"。这种改变源自西式衣裳，日后旗袍演化为融贯中西的新式款型，其受西方影响的改变可以说以此为开端。

在清末至辛亥革命期间，满族旗女穿的旗袍式样虽有所变化，但仍以从众保守为基本特点，袍服大多采用平直的线条，衣身宽松，两边开衩，胸腰围度与衣裙的尺寸比例较为接近，在袖口、领口有大量盘绲装饰。

文化链接

旗袍之名的轶事

整个清代，汉族女装依然保留汉族女性传统的上衣下裳制。除了贵族命妇礼服外，寻常女子一般并不穿袍服，而旗女不论贵族女性礼服还是寻常女子的日常服饰却都是袍服。在长达近三百年时间的潜移默化下，中国普通百姓已经习惯了"女子穿袍=旗女之袍"的历史记忆，所以在民国旗袍开始出现的时候会给普通人一种这是"旗袍"的联想。实际上，民国旗袍首倡群体并不承认"旗袍"这个称呼，而是"只叫它做长衫、长衣或长袍"，与男性服装混为一词。1926年2月27日，上海《民国日报》有短文《袍而不旗》，提议改称"中华袍"。又有人提议叫作祺袍的，但兜兜转转，最后还是叫回旗袍了。

变革——旗袍的流变

民国初年,风气开化,社会上竞办女学,思想解放,寻求个性的社会大气候也涤荡着女子服饰上的传统。新式旗袍初成。对衣装十分在行的上海女子张爱玲在著名的《更衣记》一书中写道:"1921年,女人穿上了长袍……""五族共和之后,全国妇女突然一致采用旗袍,倒不是为了效忠于清朝,提倡复辟运动,而是女子蓄意要模仿男子……因此,初兴的旗袍是严冷方正的,具有清教徒的风格。"但是,民国之初的旗袍最初保留着满人旗装的特点,式样宽阔,长度较长,一般到脚踝,袍身比较宽大,下摆宽,袖管长且大,呈倒喇叭状,与后来流行的旗袍有很大不同。后来,在上海女中学生中出现了新式旗袍,这种新式旗袍是以马甲形式出现的。加在短袄上,稍后将长马甲改成有袖的式样,取旗人之袍形制,去繁就简,衣领变矮,袍身缩短,剪掉长袖,减去镶绲装饰,面料也轻薄,多印花。经过这番修剪,旗人之袍变得精巧、精致、精彩,也把中华女性映衬得更加柔媚。

20世纪20年代中叶以后,受西方服饰影响,宽大的旗袍开始收腰,长度缩短。1926年,旗袍下摆一升再升,至1929年升至膝盖,女子大方地露出她们秀美的小腿。这时,装饰性质的绲边也趋于简洁,甚至完全取消,色调淡雅和谐。经改进之后的旗袍逐渐在广大妇女中流行起来。旗袍的样式很多,有长旗袍、短旗袍、夹旗袍、单旗袍等,但是20年代旗袍的整体风格仍然坚持朴素、保守、简洁。外轮廓依然为不强调腰身线的直腰直线式造型,甚至旗袍美女通过束胸后构成平胸、松腰、纤瘦的形象,此时旗袍的纹样出现了色彩鲜艳的色布和新奇的抽象几何纹样。这些大胆的配色和纹样,表

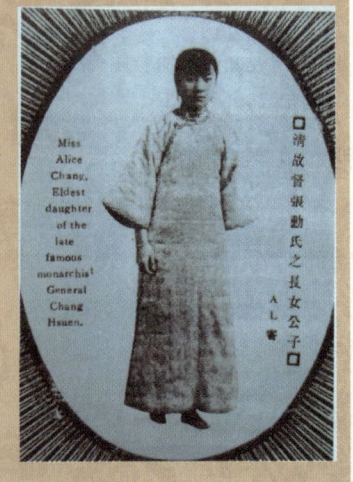

1927年《北洋画报》上刊登的清故督张勋长女的照片

五 衣冠风流

明了人们对西方服饰的直接借鉴和模仿。与此同时,旗袍与之配搭的倒大袖短袄、发髻、尖头系带的高跟鞋等一起构成了这一时期的流行时尚。

20世纪30年代是旗袍的年代,全民皆着袍。这一时期的旗袍结构脱离了传统旗装的形式,在技术上出现了改良。旗袍腰身收紧,衣袖窄小,出现了胸省和肩省,袖子和肩部出现了装袖、肩缝,有人还使用较软的垫肩,谓之"美人肩"。下摆长度依据流行变化趋势长短不一,侧面开衩较高,另外在领、袖部分还结合了西式服装设计。旗袍的装饰图案色彩艳丽,包括花卉、几何图案。面料多样,纱、绉、绸、棉布等一应俱全,流行用条格织物。国产本白棉布或毛蓝布做旗袍,穿起来素雅文静,其中阴丹士林蓝布一度十分流行。并且这一时期的旗袍整体造型贴体,将合体与性感相结合,突出女性的曲线美。这时旗袍已经成熟定型,以后的旗袍再也跳不出30年代旗袍所确定的基本形态,只能在长短、肥瘦及装饰上做些变化。这一时期,服饰附件也异常丰富,项链、耳饰、手镯、围巾以及提包已经流行。概括地说,高跟鞋、丝袜、烫发、旗袍,加西式的外搭,形成了20世纪30年代中国女性美轮美奂的装扮形象。

阴丹士林蓝布的广告

伴随着抗日的硝烟,旗袍走进了40年代。这时的旗袍不再是30年代的那种装饰多、腰身短的奢靡风格,长度缩短至小腿中部,高时到膝盖。领高减低,夏季无袖,镶边变窄到无,旗袍变得更加简便、适体。布料单一,主要是国产布料,装饰较少。配搭的皮鞋为方头方底的系带样式居多。发型流行长长的大波浪。

从20世纪20年代至40年代末,中国旗袍风行了二十多年,款式几经变化,如领子的高低、袖子的短长、开衩的高矮,使旗袍彻底摆脱了老式样,改变了中国妇女长期以来束胸裹臂的旧貌,让女性体态和曲线美充分展示出来,正适合当时的风尚,为女性解放立了一功。后来,旗袍还传至国外,为他国女子效仿穿着。

1949年,新中国诞生以后,女装流行代表俭朴的布拉吉连衣裙、列宁装以及两用衫、长西裤。旗袍在20世纪50年代走过了最后的辉煌,六七十年代渐行渐远,从中国大陆大众女性生活中淡出,成为一些文艺工作者和国家领导人夫人出访时的礼服。在我国香港、台湾地区民众中以及侨居各国的华人中,旗袍持续存在。

文化链接

月份牌与广告画

月份牌与广告画是20世纪初中国开始流行和使用的一种宣传"海报",往往以摩登女性为招徕。这种新颖的广告形式被一些实力较强的企业采用。而画中女性的服饰装扮也是当时时尚风潮的反映,同时也引领了时尚。旗袍美女是月份广告画的主要题材之一。

永恒——旗袍的今天

20世纪80年代以后,旗袍以其高贵典雅和婉约神秘的特点,再一次成为新时期人们追求的时尚,被设计师们重新演绎。时尚与古典的结合,中国袍服元素与欧洲晚礼服元素的组合，"时尚改良旗袍"风华再现。无论是名媛影星的礼服，还是新娘的嫁衣，或是海内外华人参加重大活动的盛装，以旗袍为基本款型的中华女装依然独领风骚。如电影《花样年华》中张曼玉，举手投足间东方女性的婉约被淋漓展现。

轻薄的乔其纱、华美的织锦缎、绚丽的烂花绒、多姿的印花面料，西方进口的蕾丝花边，精致的手工艺制作，赋予旗袍顽强的生命力。千娇百媚的旗袍造型，"镶、嵌、滚、宕……"的饰边工艺，变化丰富的盘口装饰，尽显旗袍的绝世风华。2011年，上海龙凤旗袍手工制作技艺被列为《国家非物质文化遗产名录》。

文化链接

张爱玲与旗袍

曾经给张爱玲做过旗袍的师傅回忆：我为张爱玲做过多少件旗袍，具体数字记不清了，但每件旗袍都是"按图施工"的。如她冬天穿的旗袍，有绒夹里、领头不能太高太硬，因为她说："旗袍领头高而硬，把头颈撑得笔直，坐着写作很不舒服"。紧身、窄长袖、两侧开衩至膝部。外加一袭"海虎绒"大衣。春秋季喜欢穿低领、束腰带的"旗袍裙"。而她画的夏季穿旗袍样式，如"无领、短袖、衣长至膝盖"的"风凉旗袍"的款式，应该称之为"连衣裙"了，而且一直流行到当代。

笔挺肃正的中山装

缘 起

清朝末年随着西服东渐，西装成为大城市年轻男子的时尚，而普通市民和老年人依然以长衫马褂为主要礼服。直至1911年辛亥革命爆发后，男性服饰才出现了一些根本性的变革，它象征着清王朝的彻底崩溃和一个时代的终结。

中山装是在学生装的基础上加以改革而成。因孙中山先生率先穿着而得名。中山装发端于20世纪20年代末期。当时孙中山先生觉得传统的中式男装不能体现革命的时代精神，而西装是舶来品，不大适合中国人的生活习惯。他从当时南洋华侨流行的"企领文装"以及日本流行的陆军士官服中得到启发，在"企领文装"上增加一条翻领，代替西装的硬领。孙中山先生设计的新式服装，即中山装。《中华文化习俗辞典》亦记载说："孙中山参照中国原有的衣裤特点，吸收南洋华侨的'企领文装'和'西装样式'，本着'适于卫生，便于动作，易于经济，壮于观瞻'的原则，亲自主持设计，由黄隆生裁制出一种服装式样。"

当中山先生穿起自己设计的、也是世界上第一套中山装时说："这种服装好看、实用、方便、省钱，不像西装那样，除上衣、衬衣外，还要硬领，这些东西多是进口的（当时这些东西多从外国引进），费事费钱。"中山装由于具备好看、实用、方便等优点，所以一经孙中山先生提倡，就得到广大群众的欢迎，成为中国男人在各种场合下最喜爱穿着的服装。30年代以后，中山装走红，成为民国时期与西装、长袍马褂并驾齐驱的三大男子服装之一。

 **文化链接**

中山装的起源之争

中山装的起源众说纷纭。一说为沪版,是说孙中山在日本活动期间委托华侨张方诚设计了中山装草图,返回上海后于1916年命荣昌祥裁缝王才运依图裁制,《申报》1927年的一则广告《中山装之盛销》称荣昌祥是制造中山装之首家。另一说为粤版。说是孙中山以当时南洋华侨中流行的"企领文装"上衣为基样设计,在老裁缝黄隆生的协助下,制成了第一套中山装,《北洋画报》1929年5月14日第318期有一篇妙观的《中山装之起源》亦如是说。第三种说法是中山装源自学生装。1926年《良友》画报出《孙中山先生纪念特刊》时说:"先生喜服学生装,今人咸称为中山装。"

造型设计

中山装是关闭式八字形领口,装袖,前门襟正中五粒明纽扣,后背整块无缝。袖口可开衩钉扣,也可开假衩钉装饰扣,或不开衩不用扣。明口袋,左右上下对称,有盖,钉扣,上面两个小衣袋为平贴袋,底角呈圆弧形,袋盖中间弧形尖出,下面两个大口袋是老虎袋(边缘悬出1.5~2厘米)。裤有三个口袋(两个侧裤袋和一个带盖的后口袋),挽裤脚。很显然,中山装的形成在西装基本形式上又糅合了中国传统意识,整体廓形垫肩收腰,均衡对称,穿着起来稳重大方。

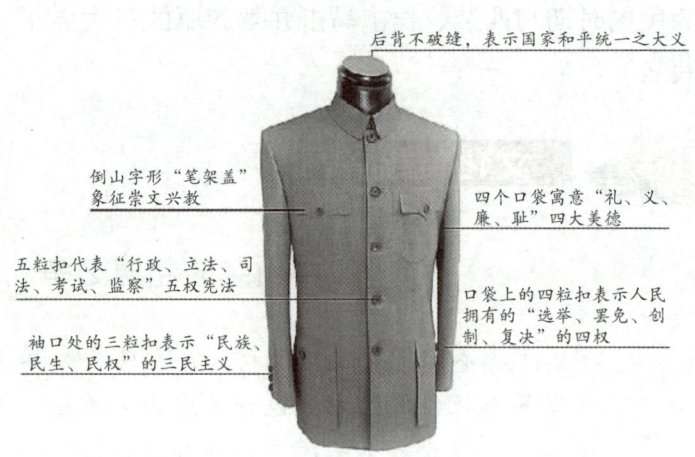

在革命年代,中山装的政治符号大于身体符号,其形制也被寓以意义,以彰显革命时代中国人奋发向上的精神。衣服外的四个口袋代表"国之四维"(即礼、义、廉、耻);衣袋上面弧形中间突出的袋盖,笔山形象征崇文兴教;前襟的五粒纽扣分别表示孙中山先生的五权宪法学说(行政权、立法权、司法权、考试权、监察权);前襟的四只口袋上的四粒纽扣则含有人民拥有的四权,即选举权、创制权、罢免权、复决权;袖口上的三粒扣表示"民族、民生、民权"的三民主义;衣领为翻领封闭式,表示严谨的治国理念;背部不破缝,表示国家和平统一之大义。

百年回放——中山装的变迁

中山装自诞生以来,就受到人们(尤其是革命者和青年学生)的欢迎和热爱,逐渐演变成一种流行服装。在民国十八年制定国民党宪法时,曾规定一定等级的文官宣誓就职时一律穿中山装,以表示遵奉先生之法。1934年,蒋介石推行新生活运动,大力推行中山装。1936年2月,国民政府出台《修正服制条例草案》,再一次明确中山装为男公务员制服,确立了中山装的国服地位。

随着日本侵华步伐的不断加快,中华民族进入了全民抗战的阶段,物质匮乏,服饰也渐趋简朴,中山装在这个时期仍然占据主流地位。但侵华日军则对穿中山装的人进行军事化的打击。1933年,日军攻入山海关城后,"大肆搜捕,凡着中山装者,着军服者杀……"在全面侵入华北后更是如此,凡是遇到青年男子穿中山装、学生装者即予杀死。1945年,日军侵入赣南,在江西省兴国县二十多个村庄疯狂杀戮,"穿中山装制服、理平头或西装头的青年人"成为他们"重点屠杀的对象"。经此一厄,沦陷区的人们便不再穿中山装,"'长袍马褂'又卷土重来,中山装反存之箱箧"。

20世纪三四十年代,中山装的深远影响不仅在国统区居于主导地位,对共产党的军服也有很大的影响,第二次国内革命战争时期的红军、以后的八路军、新四军、解放军的军装都沿用了中山装的基本样式。

20世纪50年代,新中国成立初期,百废待兴,社会对穿衣打扮的个性化要求尚未形成,蓝色、蓝灰色的干部装和列宁装是当时服装的主要款式。其中灰白的四兜干部服是当

1948年摄于北京郊区的解放军军官着装

时的时尚服装,青年学生争相效仿。实际上干部服是中山装的翻版,但是与三四十年代的中山装相比已经有变化,受列宁装的影响,款式经过了改制,小领改为开阔而细长的细尖翻领,单排五粒扣子,胸前是带盖的暗兜,可插笔,下摆处有两个胖裥袋,衣服的前胸、后背做得略宽一些,中腰稍微收敛。因为这种改良的中山装深

受毛泽东的喜爱，国外把这一时期的中山装称为"毛制服"或"毛氏服装"。

从20世纪50年代一直到70年代，因为革命领袖和革命干部都穿中山装，全国人民便以这种服装来表达对新时代的热爱。男性服装形成了新一轮的中山装热，于是中山装成为新中国一款标志性的服装，甚至曾一度被世界公认为中华人民共和国的国服。在此期间，又出现了其他的款式，比如青年装、学生装、军便装等，与中山装相比，仅领、兜有点变化，形成中山装系列。例如学生装有三个口袋，胸口原来的两个口袋只保留了一个。

中山装从诞生到20世纪80年代初，一直以来都是我国男性的主要服装。无论是在民国时期还是在新中国成立之后，中山装几乎成了中国男人的制服。20世纪80年代的时候，改革开放让中国人看到了世界的新样子。随着思想的解放，人们对服饰的要求也越来越高，服装产业蓬勃发展。形形色色的服装不断推陈出新的今天，中山装却早早地退出了常式礼服的历史舞台。西风劲吹，让中国许多男人一夜之间脱下了中山装，套上了牛仔裤。

20世纪70年代中国人的衣着清一色灰黑，样式也以大排扣的中山装为主。

华丽回归

在取得巨大成就的改革开放三十多年里，随着世界越来越关注中国、中国元素，中山装也逐渐走上了自己的回归之路。有国家领导人身着中山装参加国际重要会议的身影，也有影视演员身穿中山装走秀的形象。

五 衣冠风流

今天的中山装,流行元素与中山装其经典板型的结合,淡化了其实用功能和政治色彩,而注入了更多文化以及艺术的元素。中山装不再是单一的制服,而是变成了承载文化的一种现象、一种载体。

六 饮食文化

传统文化的精神滋养着吾国吾民,在饮食日用的生活中变幻出多姿多彩的民俗形式。喝茶饮酒可以悟道,和合身心;大餐小吃花样繁多,自成绝艺。民俗文化正是中华文化最生动的表现,凡人庶士能在其中留几多传奇,文人墨客可于此间传一段佳话。

六 饮食文化

烹茶品茗，修身养性

有中国人落脚的地方，就有饮茶的习惯；中国人最先发现茶叶，是饮茶的古老民族。中国有句俗语"开门七件事：柴、米、油、盐、酱、醋、茶"，足以说明，茶是中国人日常生活中不可缺少的一部分。饮茶的习惯在中国人身上根深蒂固，已有上千年历史。传统的中国人钟情于茶，更在烹茶品茗中颐养了性情，悟了人事之道。

辨字说茶

在中国古代，表示茶的字有多个，"其字，或从草，或从木，或草木并。其名，一曰茶，二曰槚，三曰蔎，四曰茗，五曰荈"（《茶经》）。"茶"字是由"荼"字直接演变而来的，所以，在"茶"字形成之前，"荼、槚、蔎、茗、荈"都曾用来表示茶。

在"荼、槚、茗、荈、蔎"五种茶的称谓中，以"荼"最为普遍，流传最广。但"荼"字多义，容易引起误解。"荼"是形声字，从草余声，草字头是义符，

历代书法中的"茶"字

说明它是草本。但从《尔雅》记载看，古人早已发现茶是木本，用"荼"指茶名实不符，故借用"槚"，但"槚"本指楸、梓之类的树木，借为茶也会引起误解，于是进一步出现既改形又改音的"茶"和"搽"。"茶"字由"荼"字减去一画，仍从草，不含造字法，但它比"荼"书写简单，所以，作为"荼"的俗字，首先使用于民间。"茶"和"搽"大约都起始于陈隋之际。《茶经》注云："从草当作茶，其字出《开元文字音义》。"《茶经》原注者认为"茶"字首见《开元文字音义》。《开元文字音义》系唐玄宗李隆基御撰的一部分，已失传。尽管《广韵》《开元文字音义》收有"茶"字，但在正式场合，仍用"搽"。初唐苏恭等撰的《唐本草》和盛唐陈藏器撰《本草拾遗》，都用"搽"而未用"茶"。直到陆羽著《茶经》之后，"茶"字才逐渐流传开来。

在中国，"茶"因为人文、地理的不同，在南北两方，"茶"有两种不同的发音方式。世界各国对茶的称谓，大多是由中国茶叶输出地区人民的语音直译过去的。由中国北方输入茶的国家，如土耳其、日本、印度、俄罗斯等国语言中"茶"的读音都与"茶"的原音很接近，而英国、法国、德国、西班牙等国语言中"茶"的发音都是照我国广东、福建沿海地区的发音转译的。从"茶"字的演变与确立，到世界各地有关"茶"的读音，无不说明茶出自中国、源于中国，中国是茶的原产地。

茶的起源

中国历史上有很长的饮茶记录，已经无法确切地查明到底是在什么年代了。唐代陆羽《茶经》："茶之为饮，发乎神农氏。"在中国的文化发展史上，往往是把一

六 饮食文化

切与农业、与植物相关的事物起源最终都归结于神农氏。中国饮茶起源于神农的说法也因民间传说而衍生出不同的观点。有人认为茶是神农在野外以釜锅煮水时，刚好有几片叶子飘进锅中，煮好的水，其色微黄，喝入口中生津止渴，提神醒脑，以神农过去尝百草的经验，判断它是一种药而发现的，这是有关中国饮茶起源最普遍的说法。另有一种说法则是从语音上加以附会，说是神农有个水晶肚子，由外观可得见食物在胃肠中蠕动的情形。当他尝茶时，发现茶在肚内到处流动，查来查去，把肠胃洗涤得干干净净，因此神农称这种植物为"查"，再转成"茶"字，成为茶的起源。

神农尝百草

现存最早较可靠的茶学资料是在汉代，以王褒撰的《僮约》为主要依据。此文撰于汉宣帝神爵三年（公元前59）正月十五，是在《茶经》之前茶学史上最重要的文献，其文内笔墨说明了当时茶文化的发展状况，"烹茶尽具""武阳买茶"，经考该"荼"即今"茶"。由文可知，茶已成为当时社会饮食的一环，且为以礼待客的珍稀之物，由此可知茶在当时社会地位的重要性。

文化链接

茶室四宝

所谓的"茶室四宝"，缺一不可。即玉书煨、潮汕炉、孟臣罐、若琛瓯。

玉书煨即烧开水的壶。为赭色薄瓷扁形壶，容水量约为250

毫升。水沸时，盖子发声，如唤人泡茶。

潮汕炉是烧开水用的火炉。小巧玲珑，可以调节风量，掌握火力大小，以木炭作燃料。此炉在现代使用较少。

孟臣罐即泡茶的茶壶。为宜兴紫砂壶，以小为贵。孟臣即明末清初时的制壶大师惠孟臣，他制作的小壶非常有名。

若琛瓯即品茶杯。为白瓷翻口小杯，杯小而浅，容水量约10~20毫升。

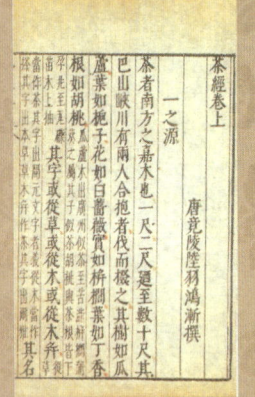

《茶经》内文

"茶圣"陆羽

中国是茶的故乡，唐朝是中国茶文化发展的鼎盛时期，其间除了朝廷的提倡、社会经济的繁荣等因素外，陆羽及其《茶经》的影响，更应居首功。

陆羽，字鸿渐，自称桑苎翁，又号东冈子，复州竟陵（今湖北天门）人。他自小被遗弃，被智积带回寺中抚养。陆羽生性淡泊，清高雅逸，不但喜爱大自然，对茶叶的兴趣更为浓厚。为钻研茶叶生产技术，他跋山涉水，四处云游，深入江苏、浙江、江西等各主要茶区进行调查研究，写成《茶经》。《茶经》共分为三卷十篇。卷上：一之源，谈茶的起源、名称、品质，介绍茶树的形态特征；二之具，论采制茶叶的器具；三之造，说明茶叶种类和采制程序。卷中：四之器，述说烹茶饮茶的器皿。卷下：五之煮，讲茶的烹煮技巧和各地水质的优劣；六之饮，谈饮茶风尚的起源、传播与饮茶习俗，并提出饮茶方法；七之事，描写历代有关茶的故事、产地和药效；八之出，叙述各地所产的茶的优劣，并将唐代全国茶叶生产区域划分为八大块；九之略，说明可省略的茶具；十之图，指将采茶、加工、饮茶的全过程绘在绢素上，悬于茶室。《茶经》是中国第一部总结唐代及唐代以前有关茶事的来历、技术、工具、品啜之大成的茶业著作,也是世界上第一部茶书。它使中国的茶业从此有了比较完整的科学依据,对茶业生产与发展产生了极大的作用,堪称一部茶道的百科全书。

饮茶之道

喝茶能静心、静神,有助于陶冶情操、去除杂念,这与提倡清静、恬淡的东方哲学思想很合拍,也符合佛道儒的"内省修行"思想。所以,千年饮茶的过程中,人们逐渐将作为饮品的茶与精神修养结合在一起,外求艺而内自省,形成了所谓"茶道"。

茶道是以修行悟道为宗旨的饮茶艺术,是饮茶之道和饮茶修道的统一。它包括茶艺、茶礼、茶境、修道四大要素。"茶艺",指备器、选水、取火、候汤、习茶的一套技艺。茶礼,指茶事活动中的礼仪、法则。茶境,指茶事活动的场所、环境。修道,指通过茶事活动来怡情修性,悟道体道。考察中国的饮茶历史,饮茶法有煮、煎、点、泡四类,形成茶艺的有煎茶法、点茶法、泡茶法。

煎茶法起自唐代以前。唐时人们饮的主要是经蒸压而成的饼茶,在煎茶前,为了将饼茶碾碎,就得烤茶,即用高温"持以逼火",并且经常翻动,烤到饼茶呈"蛤蟆背"状时为适度。烤好的茶要趁热包好,以免香气散失。至饼茶冷却再研成细末。煎茶需用风炉和釜作烧水器具,以木炭和硬柴作燃料,再加鲜活山水煎煮。

点茶法是将茶叶末放在茶碗里,注入少量沸水调成糊状,然后再注入沸水,或者直接向茶碗中注入沸水,同时用茶筅搅动,茶末上浮,形成粥面。据朱权《茶谱》载,点茶之道注重主客间的端、接、饮、叙礼仪,且礼陈再三,颇为严肃。

从明代开始,人们对茶叶的加工方式进行了改革,成品茶已由唐时经蒸压而成的饼茶、宋时精雕细压的团茶,改为经炒青而成的条形散茶。这样,人们沏茶再用不上"炙""研""罗"了,而是将散茶置入壶(碗、杯)中,直接用沸水冲泡即可,这就是人们至今常说的泡茶。这种直接用沸水冲泡的沏茶方法,不仅保留了茶的清香,更便于对茶的直观欣赏,是中国饮茶史上的一大创举,为饮茶不过多地注重形式而较为讲究情趣创造了条件,一直为人们沿用至今。

中国先后产生了煎茶道、点茶道、泡茶道。煎茶道、点茶道在中国早已消亡,唯有泡茶道尚存一线生机。唐宋元明清时期,中国的煎茶道、点茶道、泡茶道先后传入日本,经日本茶人的重新改易发扬光大,形成了日本的抹茶道、煎茶道。应该说,茶道发源于中国,光大于日本。

文化链接

六大茶品

绿茶 又称不发酵茶,是以适宜的茶树新梢为原料,经杀青、揉捻、干燥等典型工艺过程制成的茶叶。其干茶色泽和冲泡后的茶汤、叶底以绿色为主调,故有此名。

黄茶 黄茶的品质特点是"黄叶黄汤"。黄茶的基本制作工艺近似绿茶,但在制茶过程中加以闷黄,因此具有"黄叶黄汤"的特点,这是制茶过程中进行闷堆渥黄的结果。

白茶 白茶具有外形芽毫完整、满身披毫、毫香清鲜、汤色黄绿清澈、滋味清淡回甘的品质特点。

乌龙茶 亦称青茶、半发酵茶,以本茶的创始人而得名,透明的琥珀色茶汁是其特色。其品质介于绿茶和红茶之间,既有红茶的浓鲜味,又有绿茶的清新芳香,并有"绿叶红镶边"的美誉。

黑茶 属于后发酵茶,是利用菌发酵的方式制成的一种茶叶。由于黑茶的原料比较粗老,制造过程中往往要堆积发酵较长时间,所以叶片大多呈现暗褐色,因此被人们称为"黑茶"。

红茶 属于发酵茶类,是以茶树的一芽二三叶为原料,经过萎凋、揉捻(切)、发酵、干燥等典型工艺过程精制而成。因其干茶色泽和冲泡的茶汤以红色为主调,故名红茶。

茶道精神

茶道属于东方文化。东方文化与西方文化的不同,在于东方文化往往没有一个固定的、准确的定义,而要靠个人凭借自己的悟性去贴近它、理解它。早在唐代我国就有了"茶道"这个词。茶道是一种以茶为主题的生活礼仪,也是一种修身养性的方式,它通过沏茶、赏茶、品茶来修炼身心。中国人的民族特性是崇尚自然,朴实谦和,不重形式。饮茶也是这样,不像日本茶道具有严格的仪式和浓厚的宗教色彩。但茶道毕竟不同于一般的饮茶,它不但讲求表现形式,而且注重精神内涵。

茶道的基本精神是"清、敬、怡、真"。"清"是指"清洁""清廉""清静""清寂";"敬"是万物之本,"敬"乃尊重他人,对己谨慎;"怡"是欢乐怡悦;"真"是真理之"真",真知之"真"。饮茶的真谛在于启发智慧与良知,使人淡泊明志、俭德行事,臻于真、善、美的境界。

中国人不轻易言"道",而一旦论道,则必执着于"道",追求于"真"。"真"是中国茶道的起点,也是中国茶道的终极追求。中国茶道在从事茶事时所讲究的"真",不仅包括茶应是真茶、真香、真味,环境最好是真山真水,挂的字画最好是名家名人的真迹,用的器具最好是真竹、真木、真陶、真瓷,还包含了对人要真心、敬客要真情、说话要真诚、心境要真闲。茶事活动的每一个环节都要认真,每一个环节都要求真。中国茶道追求的"真"有三重含义:道之真,即通过茶事活动追求对"道"的真切体悟,达到修身养性、品味人生之目的;情之真,即通过品茗述怀,使茶友之间的真情得以发展,达到茶人之间互见真心的境界;性之真,即在品茗过程中,真正放松自己,在无我的境界中去放飞自己的心灵,放飞自己的天性,达到"全性葆真"。

爱护生命,珍惜生命,让自己的身心更健康,更畅适,让自己的一生过得更真实,这是中国茶道追求的最高层次。

茶礼茶俗

茶俗是民间风俗的一种,它是民族传统文化的积淀,也是人们心态的折射。它以茶事活动为中心贯穿于人们的生活中,并且在传统的基础上不断演变,成为人们文化生活的一部分。它内容丰富,各呈风采。

茶在我国各族的结婚彩礼中,有着特殊的意义。这一点,明人郎瑛在《七修类稿》中有这样一段说明:"种茶下子,不可移植,移植则不复生也,故女子受聘,谓之吃茶。又聘以茶为礼者,见其从一之义。"从中可以看到

六 饮食文化

当时彩礼中的茶叶被赋予了封建婚姻中"从一"的意义,从而作为整个婚礼或彩礼的象征而存在了。如今我国农村有些地区仍把订婚、结婚称为"受茶""吃茶",把订婚的定金称为"茶金",把彩礼称为"茶礼"等,即是我国旧时婚礼的遗迹。至于迎亲或结婚仪式中用茶的情况,主要是用于新郎、新娘的交杯茶、和合茶,或向父母尊长敬献的谢恩茶、认亲茶等仪式。所以,有的地方也直接称结婚为"吃茶"。

在茶文化的发展过程中,斗茶以其丰富的文化内涵为茶文化增添了灿烂的光彩。斗茶又称"茗战",就是品茗比赛,意为把茶叶质量的评比当作一场战斗来对待。

斗茶源于唐,而盛于宋。它是在茶宴基础上发展而来的一种风俗。茶宴的盛行、民间制茶和饮茶方式的日益创新,促进了品茗艺术的发展,于是斗茶应运而生。不过,斗茶的产生主要出自贡茶。一些地方官吏和权贵为了博得帝王的欢心,千方百计献上优质贡茶,为此先要比试茶的质量。而作为民俗的斗茶,常常是相约三五知己,各取所藏好茶,轮流品尝,决出名次,以分高下。古代斗茶的情景,从流传下来的元代著名书画家赵孟頫的《斗茶图》中可见一斑。

宋代还流行一种技巧性很高的烹茶游艺,叫作"分茶"。陆游《临安春雨初霁》诗"矮纸斜行闲作草,晴窗细乳戏分茶",指的就是这种烹茶游艺。玩这种游艺时,碾茶为末,注之以汤,以筅击拂,这时盏面上的汤纹就会变幻出各种图样来,犹如一幅幅水墨画,故有"水丹青"之称。斗茶和分茶在点茶技艺方面因有若干相同之处,故此有人认为分茶也是一种斗茶。此说虽不无道理,但就其性质而言,斗茶是一种茶俗,分茶则主要是茶艺。

《斗茶图》

普通百姓将饮茶融入生活，没有什么仪式，没有任何宗教色彩，茶是生活必需品，高兴怎么喝就怎么喝。文人茶道则在陆羽茶道的基础上融入琴、棋、书、画，它更注重一种文化氛围和情趣，注重一种人文精神，提倡节俭、淡泊、宁静的人生。茶为常饮，其性凡俗；茶可入道，自是雅事。茶中的雅俗共赏也就形成了独特的文化风味。

六 饮食文化

青梅煮酒，娱情助兴

酒，在人类文化的历史长河中已不仅仅是一种客观的物质存在，更是一种文化象征。中国是酒的故乡，更是酒文化的极盛地。在我们这个历史悠久的国度里，饮酒的意义远不止是物质消费，远不止满足口腹之乐。在许多场合，它是作为一个文化符号、一种文化消费，用来表示一种礼仪、一种气氛、一种情趣、一种心境。酒与文化结下了不解之缘。

酒的起源

中国是酒人的乐土，地无分南北，人无分男女老少，饮酒之风，历经数千年而不衰。在古代，往往将酿酒的起源归于某某人的发明，把这些人说成是酿酒的鼻祖，这虽然不足于考据，但作为一种文化认同现象，很值得品味。

仪狄造酒

"酒之所兴，肇自上皇，成于仪狄。"（晋代江统《酒诰》）意思是说，自上古三皇五帝的时候，就有各种各样的造酒的方法流行于民间，是仪狄将这些造酒的方法归纳总结出来，使之流传于后世。《战国策》中也说："昔者，帝女令仪狄作酒而美，进之禹，禹饮而甘之，遂疏仪狄，绝旨酒，曰：'后世必有以酒亡其国者。'"根据这段记载,仪狄酿的酒味道很好,可是被后世奉为"圣明之君"的夏禹却从中预见了饮酒失德的可能性,因而戒绝饮酒。

杜康造酒

魏武帝曹操在他的名诗《短歌行》中写道:"对酒当歌,人生几何!譬如朝露,去日苦多。慨当以慷,忧思难忘。何以解忧?惟有杜康。""杜康"在诗句中指的是酒,并非人名。但是,这一千古名句使杜康造酒之说风靡海内外。从此以后,人们在谈及酒的起源时,便把杜康作为酒的始祖,尊之为"酒仙"。历史上确有杜康其人。据有关古书记载,杜康可能是夏代的第六世君王少康,少康即杜康,不过是不同年代的称谓罢了。我国现存古书中记载杜康造酒的,首推许慎的《说文解字》,其中"巾部"说:"古者少康初作箕帚、秫酒。少康,杜康也。"秫酒,就是高粱酒。晋代江统《酒诰》也记载,杜康"有饭不尽,委之空桑,郁结成味,久蓄气芳,本出于此,不由奇方"。意思就是说杜康将未吃完的剩饭放置在桑园的树洞里,剩饭在洞中发酵后,有芳香的气味传出。这就是酒的做法,杜康就是酿酒始祖。

"酒仙"杜康

酒的酿造

中国古代酿酒技术的发展经历了从酿造酒到蒸馏酒两个阶段。

中国的黄酒占世界三大酿造酒(黄酒、葡萄酒和啤酒)中重要的一席,酿酒技术独树一帜,成为东方酿造界的典型代表和楷模。黄酒是用谷物做原料,用麦曲或小曲做糖化发酵剂制成的酿造酒,一般为15度左右。

六 饮食文化

在古代蒸馏酒尚未出现的历史时期,酒就是酿造酒。蒸馏的烧酒出现后,就应有一个只包括谷物酿造酒的统称,种种历史机缘使得"黄酒"作为谷物酿造酒的专用名称固定了下来。

远古时期,人们就已经懂得用煮熟的原料酿酒,说明用曲是很普遍的。曲法酿酒后来是我国酿酒的主要方式之一。反映秦汉以前各种礼仪制度的《礼记》中记载了至今仍被认为是酿酒技术精华的一段话:"仲冬之月,乃命大酋,秫稻必齐,曲蘖必时,湛炽必洁,水泉必香,陶器必良,火齐必得。兼用六物,大酋监之,无有差忒。"(《礼记·月令》)"六必"字数虽少,但所涉及的内容相当广泛全面,缺一不可,是酿酒时要掌握的六大原则。

用曲、酸浆法、煮酒保鲜是我国古代黄酒酿造技术的核心要素。用酒曲酿酒是我国制酒的特色,曲是糖化发酵剂,在古代将其看作发酵的引物。酿酒的关键步骤之一就是先将酒曲制成这种引物,酒曲的使用是否得当往往决定酿酒的成败。为保证酿酒酵母菌获得较好的酸性环境,古人除了多将酿酒时间选择在温度较低的冬季进行之外,还采用了既大胆又明智的"以酸治酸"的策略:酸浆法。利用先酸化后酿酒的策略可以使酒醪中的酸性环境有利于有益的酵母菌生长,不利于腐败菌(细菌)的生长,反而可以抑制酒的酸败。而煮酒技术的使用,为酒的大规模生产,为避免酒的酸败损失,提供了技术保障。北宋末期朱肱的《北山酒经》系统总结了我国古代黄酒酿造的科技精华。在我国古代酿酒历史上,《北山酒经》的学术水平最高,在酿酒实践中也最有指导价值。

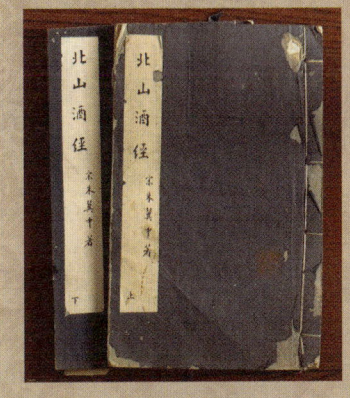

《北山酒经》

绍兴酿酒图

白酒、白兰地、伏特加、威士忌、朗姆酒和金酒,并称世界六大蒸馏酒。然而,中国的酿酒和中国的白酒历史最为久远,在世界蒸馏酒史上有着不可动摇的鼻祖地位。

中国白酒传统的大曲发酵、甑桶蒸馏技术成熟于宋元时期,医药学家李时珍的《本草纲目》中写道:"烧酒非古法也,自元代始创其法,其法用浓酒和糟入甑,蒸令汽上,用器承取滴露,凡酸败之酒,皆可蒸烧。近时惟以糯米或粳米,或黍或秫,或大麦,蒸熟,和曲酿瓮中七日,以甑蒸取,其清如水,味极浓冽,盖酒露也。"

 **文化链接**

古人"煮酒"的目的

相信大家很熟悉《三国演义》中曹操、刘备"煮酒论英雄"的故事,只是喝酒何以还要煮酒呢?煮酒就是将酒加温,这是一种常见的饮酒方法。可是,你知道吗,这也是古代酿酒者常用的灭菌保鲜技术。

六 饮食文化

《北山酒经》中较详细地记述了煮酒技术,其方法是将酒灌入酒坛,并加入一定量的蜡及竹叶等物,密封坛口,置于甑中,加热至煮沸。煮酒是为了更长时间保存酒,避免酒的酸败。煮酒技术的采用,为酒的大规模生产提供了技术保障。

由于烧酒的主要特点是酒精浓度高,许多芳香成分在酒中的浓度是随着酒精度而提高的,酒的香气成分及其浓淡成了判断烧酒质量的标准之一。我国风格多样的烧酒,主要是由酿造原料不同而自然形成的。

经过数百年的发展,我国蒸馏酒形成了几大流派,如清蒸清烧二遍清的清香型酒(以汾酒为代表);有混蒸混烧续糟法老窖发酵的浓香型酒(以泸州老窖为代表);有酿造周期多达一年,数次发酵、数次蒸馏而得到的酱香型酒(以茅台酒为代表);有大小曲并用,采用独特的串香工艺酿造得到的董酒;有先培菌糖化后发酵、液态蒸馏的三花酒;还有富有广东特色的玉冰烧;由黄酒糟再次发酵蒸馏得到的糟烧酒等。

饮酒以德

早在夏商周三代,酒与人们的礼仪风尚就已紧密相连,并且公式化、系统化。夏代,乡人于十月在地方学堂行饮酒礼。周代风俗礼仪中的"冠、昏(婚)、丧、祭、乡、射、聘、朝"八种,其中大多有酒。周代乡饮习俗,以乡大夫为主人,处士贤者为宾。活动过程中,"凡宾,六十者坐,五十者立"。饮酒,尤以年长者为优厚,"六十者三豆,七十者四豆,八十者五豆,九十者六豆",其尊老敬老的民风在以酒为主体的民俗活动中就有体现。近现代民间的婚礼酒、丧葬酒、月米酒、生期酒、节日酒、祭祀酒等,都可在周代风俗文化的"八礼"中寻到源头。

　　酒的习俗深受儒家"礼"文化的影响,不但时时处处以礼用酒,更讲究酒德。"酒德"两字,最早见于《尚书》和《诗经》,其含义是说饮酒者要有德行,不能像商纣王那样"颠覆厥德,荒湛于酒"。《尚书·酒诰》中集中体现了儒家的酒德,这就是"饮惟祀"(只有在祭祀时才能饮酒);"无彝酒"(不要经常饮酒,平常少饮酒,以节约粮食,只有在有病时才宜饮酒);"执群饮"(禁止民从聚众饮酒);"禁沉湎"(禁止饮酒过度)。儒家并不反对饮酒,认为用酒祭祀敬神,养老奉宾,都是德行。

　　饮酒过量,便不能自制,容易生乱,制定饮酒礼节就显得很重要。我国古代饮酒有以下一些礼节:主人和宾客一起饮酒时,要相互跪拜。晚辈在长辈面前饮酒,叫侍饮,通常要先行跪拜礼,然后坐入次席,长辈命晚辈饮酒,晚辈才可举杯,长辈酒杯中的酒尚未饮完,晚辈也不能先饮尽。古代饮酒的礼仪约有四步:拜、祭、啐、卒爵。就是先做出拜的动作,表示敬意,接着把酒倒出一点儿在地上,祭谢大地生养之德;然后尝尝酒味,并加以赞扬令主人高兴;最后仰杯而尽。在酒宴上,主人要向客人敬酒(叫"酬"),客人要回敬主人(叫"酢"),敬酒时还会说上几句敬酒辞。客人之间相互也可敬酒(叫"旅酬"),有时还要依次向人敬酒(叫"行酒")。敬酒时,敬酒的人和被敬酒的人都要"避席",起立。普通敬酒以三杯为度。

六 饮食文化

酒令助兴

饮酒行令是中国人在饮酒时助兴的一种特有方式，最早诞生于西周，完备于隋唐。开始时可能是为了维持酒席上的秩序而设立"监"，汉代有了"觞政"，就是在酒宴上执行觞令，对不饮尽杯中酒的人实行某种处罚。在远古时代有射礼，为宴饮而设的称为"燕射"，即通过射箭决定胜负，负者饮酒。古人还有一种被称为投壶的饮酒习俗，源于西周时期的射礼。酒宴上设一壶，宾客依次将箭向壶内投去，以投入壶内多者为胜，负者受罚饮酒。酒令是筵宴上助兴取乐的饮酒游戏，饮酒行令在士大夫中风行，他们还常常赋诗撰文予以赞颂。白居易诗曰："花时同醉破春愁，醉折花枝当酒筹。"

击鼓传花

酒令分雅令和通令。雅令的行令方法是先推一人为令官，或出诗句，或出对子，其他人按首令之意续令，所续必在内容与形式上相符，不然则被罚饮酒。《红楼梦》第四十回中鸳鸯吃了一盅酒，笑着说："酒令大如军令，不论尊卑，唯我是主，违了我的话，是要受罚的。"行雅令时，必须引经据典，分韵联吟，当席构思，即席应对，所以它是酒令中最能展示饮者才思的项目。

饮酒行令，不光要以酒助兴，有下酒物，而且往往伴之以赋诗填词、猜谜行拳之举，它需要行酒令者敏捷机智，有文采和才华。因此，饮酒行令既是古人好客传统的表现，又是其饮酒艺术与聪明才智的结晶。

酒与民俗

酒与民俗不可分，诸如农事节庆、婚丧嫁娶、庆功祭奠、奉迎宾客等民俗活动，酒都是中心物质。农事节庆时的祭拜庆典若无酒，缅怀先祖，追求丰收、富裕的情感就无以寄托；婚嫁之无酒，白头偕老、忠贞不贰的爱情无以明誓；丧葬之无酒，后人忠孝之心无以表述；生宴之无酒，人生礼趣无以显示……总之，无酒不成礼，无酒不成俗，离开了酒，民俗活动便无所依托。但先圣先贤都强调要节制饮酒，避免乱德。

重大节日饮酒习俗

中国人一年中的几个重大节日，都有相应的饮酒活动。

春节，俗称过年。汉武帝时规定正月初一为元旦；辛亥革命后，正月初一改称为春节。春节期间要饮屠苏酒、椒花酒，寓意吉祥、康宁、长寿。

春社日，立春后第五个戊日，人们祭祀土神，祈求丰收，有饮中和酒、宜春酒的习俗，传说可以医治耳疾，因而人们又称之为"治聋酒"。宋诗有云："社翁今日没心情，为乞治聋酒一瓶。恼乱玉堂将欲遍，依稀巡到第三厅。"据《太平广记》记载："村舍作中和酒，祭勾芒种，以祈年谷。"据清代陈梦雷纂的《古今图书集成·酒部》记载："中和节，民间里闾酿酒，谓宜春酒。"

清明节饮酒有两种原因：一是寒食节期间，不能生火吃热食，只能吃凉食，饮酒可以增加热量；二是借酒来平缓或暂时麻醉人们哀悼亲人的心情。古人清明饮

六 饮食文化

酒赋诗较多,唐代白居易在诗中写道:"何处难忘酒,朱门羡少年。春分花发后,寒食月明前。"杜牧在《清明》一诗中写道:"清明时节雨纷纷,路上行人欲断魂。借问酒家何处有,牧童遥指杏花村。"

端午节,又称端阳节、重午节、端五节、重五节、女儿节、天中节、地腊节,时在农历五月初五,大约形成于春秋战国之际。人们为了辟邪、除恶、解毒,有饮菖蒲酒、雄黄酒的习俗。菖蒲酒是我国传统的时令饮料,而且历代帝王也将它列为御膳时令香醪。

中秋节,又称仲秋节、团圆节,时在农历八月十五。在这个节日里,无论家人团聚,还是挚友相会,人们都离不开赏月饮酒。韩愈在诗中写道:"一年明月今宵多,人生由命非由他,有酒不饮奈明何?"到了清代,中秋节以饮桂花酒为习俗。我国用桂花酿制露酒已有悠久历史,两千多年前的战国时期已酿有"桂酒",《楚辞》中有"奠桂酒兮椒浆"的记载。时至今日也还有在中秋节饮桂花陈酒的习俗。

重阳节,又称重九节、茱萸节,时在农历九月初九,有登高饮酒的习俗。明代医学家李时珍在《本草纲目》一书中说常饮菊花酒可"治头风,明耳目,去痿痹,消百病""令人好颜色不老""令头不白""轻身耐老延年"等。除饮菊花酒外,有的还饮用茱萸酒、黄花酒、桑落酒、桂酒等。

除夕,俗称大年三十夜,时在一年最后一天的晚上。人们有别岁、守岁的习俗。除夕守岁都是要饮酒的,唐代白居易在《客中守岁》一诗中写道:"守岁尊无酒,思乡泪满巾。"除夕饮用的酒品有屠苏酒、椒花酒。这原是正月初一的饮用酒品,后来改为在除夕饮用。宋代苏辙在《除日》一诗中写道:"年年最后饮屠苏,不觉年来七十余。"除夕午夜,全家聚餐又名为团圆酒,晚辈向长辈敬辞岁酒,这一习俗延续至今。

婚姻饮酒习俗

交杯酒:这是我国婚礼程序中的一个传统仪式。《礼记·昏义》有"合卺而酳",孔颖达解释道:"以一瓠分为二瓢谓之卺,婿与妇各执一片以,故云合卺而。""合卺"又引申为结婚的意思。在唐代即有"交杯酒"这一名称。到了宋代,在礼仪上,盛行用彩丝将两只酒杯相连,并绾成同心结之类的彩结,夫妻互饮一盏,或夫妻传饮。这种风俗在我国非常普遍。

南方的"女儿酒",最早记载于晋人嵇含所著的《南方草木状》,说南方人生下女儿才数岁,便开始酿酒,酿成酒后,埋藏于池塘底部,待女儿出嫁之时才取出供宾客饮用。这种酒在绍兴得到继承,发展成为著名的花雕酒,其酒质与一般的绍兴酒并无明显差别,主要是装酒的坛子独特,这种酒坛还在土坯时,就雕上各种花卉图案、人物鸟兽、山水亭榭,等到女儿出嫁时,取出酒坛,请画匠用油彩画出"百戏",如八仙过海、龙凤呈祥、嫦娥奔月等,并配以吉祥如意、花好月圆的"彩头"。

喝交杯酒

文化链接

我有旨酒,嘉宾式燕以敖……我有旨酒,以燕乐嘉宾之心。
————《诗经·小雅·鹿鸣》
蕙肴蒸兮兰藉,奠桂酒兮椒浆。 ————《九歌·东皇太一》
操余弧兮反沦降,援北斗兮酌桂浆。 ————《九歌·东君》

此外，婚庆习俗中还有"会亲酒""回门酒"等常见名目，大都寄寓了美好的愿望。

诗酒结缘

诗抒情，酒抒怀，诗酒结缘穿越千古而来。杯中之酒，清洌甘醇，往往引起诗兴豪发，喷薄而成佳作。唐人刘禹锡诗云："终朝对尊酒，嗜兴非嗜甘。"杯酒自酌，不因其甘美而贪饮，只为发抒胸臆而已。诗文雅韵，写酒、颂酒；豪客酒事，助诗、成诗。诗酒能相得，关键还是要用清醒的心灵触碰多彩的外部世界。

诗酒结缘，实际上在先秦时代的《诗经》和《楚辞》中即已显现。《诗经》中涉及酒与饮酒的达四十八篇，占总篇幅的 15.7%，足以反映酒对诗歌的浸润已经相当广泛。《楚辞》写酒虽然没有《诗经》那么多，但更多的是对酒的赞赏，对醉酒的渲染，这从一个侧面反映出当时中国酒文化已达到相当的水平。

南有《楚辞》，北有《诗经》，诗的源头就与酒结缘，从此，酒文化就一直深深影响着中国几千年的诗歌艺术。

晋代陶渊明是实现诗酒真正结缘的第一人，归隐田园的他虽有"饮酒避世""借酒浇愁"的思绪，但更多的却是通过饮酒来达到物我两忘、回归自然、超凡脱俗的境界。享用美酒、体会酒趣，酒成了他诗歌最主要的题材；饮酒赋诗、浑然忘我，把酒与诗真正结合到一起。

唐代的诗人又把饮酒聚会和吟诗作赋融为一体，文人们常常借酒激发诗歌创作的热情。唐代诗酒最相连，真正做到了诗酒交融，形成了无酒就无诗、有诗必有酒的独特文化，赞美酒的诗歌更是不计其数。

李白是盛唐文化孕育出来的天才诗人，因其非凡的自信和自负、狂傲的独立人格、豪放洒脱的气度和自

由创作的浪漫情怀，被后人誉为"诗仙"。李白不仅是"诗仙"，还是名副其实的"酒仙"，"李白斗酒诗百篇，长安市上酒家眠。天子呼来不上船，自称臣是酒中仙"便是其诗酒生活的真实写照。李白一生常饮酒放歌以言其志，其中一首《将进酒》更成为酒与诗的千古绝唱。

"俯仰各有志，得酒诗自成。"（苏轼《和陶渊明〈饮酒〉》）"一杯未尽诗已成，诵诗向天天亦惊。"（杨万里《重九后二日同徐克章登万花川谷月下传觞》）酒醉而成传世诗作，这样的例子在中国诗史中俯拾皆是。追求绝对自由，忘却生死利禄及荣辱，诗人的个性与情操在醉酒的状态里得到尽情释放，最终成了艺术世界里较为独特的一种现象，令人称奇。

文化链接

饮酒二十首·其九

陶渊明

清晨闻叩门，倒裳往自开。问子为谁欤？田父有好怀。壶浆远见候，疑我与时乖。"褴缕茅檐下，未足为高栖。一世皆尚同，愿君汩其泥。""深感父老言，禀气寡所谐。纡辔诚可学，违己讵非迷！且共欢此饮，吾驾不可回。"

六 饮食文化

八方美馔，地域风情

世界各地都把中国餐饮称为"中餐"，它的突出特点是将大米和面粉作为主食，讲究食物的色、香、味、形。中国饮食渗透着人们的审美意识，与西方人只注重食物营养的摄取量相比，中国人更喜欢赏心悦目的餐饮和有情调的饮食环境。好的饮食环境不仅能促进食欲，而且能陶冶情操，帮助人们形成高雅的气质和温文尔雅的性格。在食物的制作方面，中国人很讲究刀工、火候。《老子》中说："治大国如烹小鲜。"虽然这句话是借助饮食来解释高深的治国哲学，但是世间的万事万物都是相通的，小到制作餐饮，大到治国之策，有时同出一辙。由此可知，中国饮食文化渗透到了中华民族的每一个鲜活细胞之中，注重天人合一，强调整体观。

中国饮食文化的总体内涵

色、香、味、形俱全的中国饮食制品不但是人们享受的口腹美味，而且是一座物态文化的宝库，有着深层次的内涵。这种内涵用四个字概括就是"精、美、情、礼"。

"精"是对中国饮食制品内在气质的概括。孔子的饮食主张是"食不厌精，脍不厌细"，这种精食的观念影响了其后中国近三千年的饮食。这种精品意识作为一种文化精神越来越广泛、越来越深入地贯穿于整个饮食过程中。这种"精"也渗透到我们生活中的各个方面甚至其他行业，这对我国文化事业的发展也产生了推动作用。

"美"体现了饮食文化的审美特征。中国饮食文化之所以能够征服世界，其重要原因之一就在于它的美。这种美是中国饮食活动形式与内容的完美统一，给人们带来了审美愉悦和精神享受。"美"的核心是味美，味美包括口感之美，如嫩、脆、清、滑、爽、柔、软、烂、绵、面、酥、筋等。"美"还包括色美、香美、形美等。色美：有天然的本色，也有用天然红曲、姜黄等染色。香美：对香气及香味非常重视。形美：中国饮食制品整体形态之美。"美"作为饮食文化的基本内涵，是中华饮食文化的魅力所在，贯穿于中华饮食过程中的每一个环节。

"情"则是对中国饮食文化社会心理功能的概括。饮食，不应简单视之，它是人与人之间情感交流的媒介之一，是一种别开生面的社交活动。另外，人们可以通过这些活动来调整各自的心理，从而调节整个社会的心理平衡与健康。

"礼"是指饮食活动的礼仪性。中国饮食活动讲究礼，这与我国的传统文化有很大的关系。生老病死、迎来送往、祭神敬祖都是礼。礼是指一种秩序和规范，如座席的方向、上菜的顺序等都体现着礼。它不仅是礼仪，更包含一种内在的伦理精神，它们构成了中国饮食文明的逻辑起点。饮食活动的礼仪对整个社会秩序的产生和规范的发展都产生了巨大的影响。

六 饮食文化

材因地取，食以人分

宫廷御膳与贵族菜

宫廷饮食的特点首先是选料严格，用料精细。帝王权力的无限扩大，使其聚集了天下技艺高超的厨师，也拥有人间所有的珍稀原料。《周礼》记载，早在周代就已由职责分得细密而又烦琐的专人负责帝王的饮食，统治者可食用"八珍"，越到后来，统治者的饮食越精细、珍贵。如信修明在《宫廷琐记》中记录的慈禧太后的一个食单，其中仅燕窝的菜肴就有六味。其次，烹饪精细。再次，花色品种繁杂多样。宫廷饮食规模的庞大、种类的繁杂、选料的珍贵，必然带来人力、物力和财力上极大的铺张浪费。

贵族饮食虽没有宫廷饮食的铺张、刻板，但也是竞相斗富，多有讲究"芳饪标奇""庖膳穷水陆之珍"的特点。贵族饮食以孔府菜和谭家菜最为著名。孔府历代都设有专门的内厨和外厨。在长期的发展过程中，形成了饮食精美、注重营养、风味独特的饮食菜肴特点，这无疑是受孔老夫子"食不厌精，脍不厌细"祖训的影响。孔府宴的另一个特点是无论菜名还是食器，都具有浓郁的文化气息。如"玉带虾仁"表明了孔府地位的尊贵。在食器上，除了特意制作一些富于艺术造型的食具外，还镌刻了与器形相应的古诗句，如在琵琶形碗上镌有"碧纱待月春调瑟，红袖添香夜读书"。所有这些，都传达了"天下第一食府"饮食的文化品位。

市井、百姓饮食

市井饮食的对象主要是当时的坐贾行商、贩夫走卒，而这些人来去匆匆，行踪不定，所以，随来随吃、携带方便的各种大众化小吃便极受欢迎。因而，市井饮食有技法多样、品种繁多的特点，如《梦粱录》中记有南宋临安当时的各种熟食八百三十九种。

中国老百姓日常家居所烹饪的肴馔，即民间菜，是中国饮食文化的渊源。多少豪宴盛馔，如追本溯源，当初皆源于民间菜肴。民间饮食首先是取材方便随意，或入山林采鲜菇嫩叶、捕飞禽走兽，或就河湖网鱼鳖蟹虾、捞莲子菱藕，随见随取、随食随用。选材的方便随意，必然带来制作方法的简单易行，一般是因材施烹，煎炒蒸煮烧烩拌泡、脯腊渍炖，皆因时因地而制宜。如北方常见的玉米，成熟后可以磨粉烙成饼、蒸成馍、压成面、熬成粥，也可以整粒炒了吃，还可以连棒煮食、烤食。民间菜的日常食用性和各地口味的差异性，决定了民间菜的味道以适口实惠、朴实无华为特点。任何菜肴，只要首先能够满足人口腹的需要，就是美味佳肴。

民族、宗教饮食

民族饮食指的是除汉族之外各少数民族的菜肴。几乎每一个少数民族都有各自不同的饮食习俗和爱好，并最终形成了独具特色的饮食文化。东北地区白山黑水之间、三江平原一带的少数民族，主要有满族、赫哲族、鄂伦春族、鄂温克族等。满族人最喜欢食用的是"福肉"（清水煮白肉），过年时主要吃饺子和"年饽饽"，冬季的美味是白肉酸菜火锅。赫哲族以狩猎为主，由于气候寒冷，故以鱼、兽为主要饮食，而最突出的则是将

六 饮食文化

生鱼拌以佐料而食。北方的蒙古族，地处沙漠或草原，他们的饮食以羊肉和各种奶制品为主，一般羊肉不加调味品，以原汁煮熟，手扒为主，宴客或喜庆的宴会则以全羊席为最尊贵。西北的少数民族主要有维吾尔族、回族、藏族等。维吾尔族日常饮食主要以牛乳、羊肉、奶皮、酥油、馕、水果、红茶为多。藏族居住于青藏高原，以畜牧业为主，兼营农业，其饮食以牛、羊、牦牛的肉和乳为主，并大量食用青稞、小麦，以及少量的玉米、豌豆。西南少数民族周边多深山密林，形成了自己的独特饮食习惯，即肉食以猪和鱼为主，主食以米为主，喜欢腊干或腌熏的肉，喜欢各种腌制的菜，有以各种植物或粮食作物为原料酿制的酒可供饮用。

在中国文化中，宗教饮食主要指的是道教、佛教和伊斯兰教的饮食。

道教饮食深受道家学说的影响。道家认为人是禀天地之气而生，所以应"先除欲以养精、后禁食以存命"。在日常饮食中禁食鱼羊荤腥及辛辣刺激之食物，以素食为主，并尽量少食粮食等，以免使人的先天元气变得混浊污秽，应多食水果，因为"日啖百果能成仙"。道家饮食烹饪上的特点是尽量保持食物原料的本色本性。

佛教传入中国后与中国的民情风俗、饮食传统相结合，形成了其独特的风格。其特点首先是提倡素食，这是与佛教提倡慈善、反对杀生的教义相一致的。佛教饮食多就地取材，佛寺的菜肴，善于运用各种蔬菜、瓜果、笋、菌菇及豆制品为原料。

伊斯兰教教义中强调"清静无染""真乃独一"，所以其饮食形成了自成一格的格局，称之为清真菜。清真菜以对牛、羊肉丰富多样的烹饪而著名，如光是羊肉，就有烧羊肉、烤羊肉、涮羊肉、焖羊肉、腊羊肉、手抓羊肉、爆炒羊肉、烤羊肉串、汤爆肚仁、炸羊尾、烤全羊等。清真系列中还有一些小吃也颇具特色，如北京的清真锅贴、羊肉水饺，西安的羊肉泡馍，兰州的牛肉面、酿皮，新疆的烤馕、烤包子，也都别具风味。

八大菜系，创新融合

鲁 菜

鲁菜，即山东菜的简称。山东位于黄河下游，气候温和，物产丰富，菜种类繁多且品质优良，号称世界"三大菜园"之一。同时，山东是中国儒家文化的发祥地，孔子的"食不厌精，脍不厌细"对鲁菜的发展有着深刻的影响。丰富的资源和古老的文化传统，为鲁菜的形成和发展提供了优越的客观条件。

历经各代发展，鲁菜逐渐成为北方菜的代表。到元明清时期，鲁菜大量进入宫廷，成为御膳的珍馐，并在我国华北、东北等地区广为采用。

自清代以来，鲁菜分为"福山帮"和"济南帮"。济南风味是鲁菜的主体，在山东境内影响极大。济南菜以汤菜最为著名，俗话有"唱戏的腔，厨师的汤"。其清汤、奶汤制法在《齐民要术》中都有记载，济南菜注重爆、炒、烧、炸、烤、氽等烹调方法。菜品讲究实惠，风格浓重、浑厚、清香、鲜嫩。汤菜特别讲究清鲜爽口，鸡鸭菜肴注重用甜面酱调味，并以甜、咸、酱香浓郁见长，其变化型有酱香、酱汁、葱酱、糖酱等，代表菜肴较多，如糖酱鸭块、酱焖鳜鱼等。爆菜是山东代表菜式，历史悠久。清代文士袁牧曾描述："滚油爆炒，加佐料起锅，以极脆为佳,此北人法也。"油爆双脆、爆肚仁、爆炒鸡丁均是著名爆菜。

川 菜

川菜,即四川菜的简称。四川地处我国偏西部,横跨幅度大,山川较多,是由巴、蜀两国演变而来。川菜的最大特点是辣,正如四川人的热情好客、风风火火。

川菜以成都和重庆两地的菜肴为代表。它最大的特点是所用的调味品既复杂多样,又富有特色,尤其是号称"三椒"的花椒、胡椒、辣椒,"三香"的葱、姜、蒜。川菜有"七滋八味"之说,"七滋"指甜、酸、麻、辣、苦、香、咸,"八味"即鱼香、酸辣、椒麻、怪味、麻辣、红油、姜汁、家常。川菜在烹调方法上善于根据原料、气候和食者的要求,具体掌握、灵活运用。三十八种川菜烹调方法中,现在流行的仍有炒、煎、炸、烧、腌、卤、煸、泡等三十多种。它的另一个特点是味儿特别重,肯在"味"字上下功夫,以味的多、广、厚著称,且色、香、味、形俱佳,故国际烹饪界有"食在中国,味在四川"之说。川菜名菜有灯影牛肉、樟茶鸭子、毛肚火锅、夫妻肺片、东坡墨鱼、清蒸江团等三百多种。

粤 菜

粤菜,即广东菜的简称。广东地处中国南部沿海,雨量充沛,物产富饶,经济发达,人口密集。广东人热情开朗,思想开放,紧跟时代步伐。这些条件,造就了粤菜品种多样、精致讲究的特点。

粤菜系由广州菜、潮州菜、东江菜三种地方风味组成。广州菜用料庞杂,选料精细,技艺精良,善于变化,风味讲究,清而不淡,鲜而不俗,嫩而不生,油而不腻。

其老火靓汤非常有名,以致有"食在广州"之称。潮汕菜故属闽地,其语言和习俗与闽南相近,主要以海味、河鲜和畜禽为原料,加工方法多样,包括炒、烹、炸、焖、炖、烧、烤、焗、卤、熏、扣、泡、滚、拌。汤菜功夫尤深,其中以清炖、红烧、汤泡最具特色。东江菜用料以肉类为主,原汁原味,讲求酥、软、香、浓。注重火功,以炖、烤、煲、焗见称,尤以砂锅菜见长。做法上仍保留一些奇巧的烹饪技艺,具有古代中原菜的风貌。粤菜著名的菜肴品种有三蛇龙虎凤大会、五蛇羹、盐焗鸡、蚝油牛肉、烤乳猪和冬瓜盅等。

闽 菜

闽菜,即福建菜的简称。福建位于我国东南部,依山傍海,终年气候温和,雨量充沛,四季如春。其优越的地理条件带来了富饶的山珍海味,为闽菜提供了得天独厚的烹饪资源。另外,福建还盛产稻米、甘蔗、瓜果蔬菜,还有闻名全国的茶叶、香菇、竹笋、莲子、薏米,沿海地区则鱼、虾、螺、蚌等海产佳品丰富,常年不绝。

闽菜以福州菜为代表。它以海鲜类为主,口味清鲜、淡爽,偏于甜酸,尤其讲究调汤。其另一特色是善用红糟作配料,具有防腐、去腥、增香、生味、调色的作用。在实践中,有炝糟、拉糟、煎糟、醉糟、爆糟等十多种,尤以淡糟炒香螺片、醉糟鸡、糟汁氽海蚌等名肴最负盛名。闽菜还讲究作料,善用甜辣,最常用的作料有辣椒酱、沙茶酱、芥末酱、橘汁等。名菜有沙茶焖鸭块、芥辣鸡丝等,均具风味。其中,佛跳墙是闽菜中最著名的古典名菜,相传始于清道光年间。一百多年来,一直驰名中外,成为中国最著名的特色菜之一。

六 饮食文化

苏 菜

江苏有精致的园林,温柔的流水,文雅的居民。自古以来,江苏以景色的秀丽为天下人所知。与之相映,苏菜也以它的秀气、精致而闻名。

江苏菜主要以苏州菜、南京菜和扬州菜为主要代表。总的来说有如下几个特点:一是选料严谨,制作精细,因材施艺,按时治肴;二是擅长炖、焖、煨、焐、蒸、烧、炒等烹饪方法,且精于泥煨、叉烤;三是口味清鲜,咸甜得宜,浓而不腻,淡而不薄;四是注重调汤,保持原汁。其中,苏州菜口味趋甜,以烹制四季佳蔬、江河湖鲜见长;南京菜刀工细腻,火工纯熟,菜肴滋味醇,兼有四方之美,适应八方口味,尤以鲜香酥嫩取胜;扬州菜史称淮扬风味,刀工精细,火候精微,色调清新,造型别致,突出主料,强调本味,清淡可口,适应面宽,尤以擅长制汤而著称。著名的菜肴品种有清汤火方、鸭包鱼翅、盐水鸭等。

浙 菜

浙江有优越的地理条件,经济发达,是江南的"鱼米之乡"。浙江菜系由杭州菜、宁波菜、绍兴菜、温州菜四大地方风味组成。杭州菜制作精细,清秀隽美,擅长爆、炒、烩、炸等烹调技法,具清鲜、爽嫩、精致、醇和等特点。同时,菜品秀丽雅致,讲究内在美与形态美的统一。宁波地方厨师尤善制海鲜,技法以炖、烤、蒸著称,口味鲜咸适度,菜品讲究鲜嫩爽滑,注重本味,用鱼干制品烹调菜肴更有独到之处。绍兴菜香酥绵糯,汤浓味醇,富有水乡古城之淳朴风格。温州菜种类繁多,但大多采用近海鲜鱼与江河小水产类,活杀活烧,其传统烹调方法擅长鲜炒、清汤、凉拌、卤味。浙菜的名菜主要有西湖醋鱼、东坡肉、龙井虾仁、干炸响铃、老鸭煲、冰糖甲鱼、蜜汁火方、宋嫂鱼羹、莼菜汤、杭椒牛柳等。

湘菜

湘菜,即湖南菜的简称。湖南是名人之乡,也是一个以吃辣闻名的地方。同时,湖南还是一个风景优美的"鱼米之乡"。

湖南菜系以古长沙为中心,遍及三湘四水。它由湘江流域风味、洞庭湖区风味、湘西山区风味三大流派组成。湖南菜以腴滑肥润为主,多将辣椒当主菜食用,不仅有北方的咸,也有南方的甜,更有本地特色之辣与酸。香、嫩、清、脆是其特色,所用材料以新鲜、价廉物美为原则。它还特别讲究原料的入味,技法多样,有烧、炒、蒸、熏等方法,尤以蒸菜见长。最为精湛的是煨,原汁原味,且刀功精妙,形味兼美,菜肴千变万化,变幻无穷。代表名菜有腊味合蒸、冰糖湘莲、潇湘五元龟、红椒酿肉、牛中三杰、发丝百叶、五元神仙鸡、芙蓉鲫鱼等。

徽菜

徽菜,即安徽菜的简称。徽菜的形成与古徽州独特的地理环境、人文环境、饮食习俗密切相关。绿树成荫、沟壑纵横、气候宜人的古徽州自然环境,为徽菜提供了取之不尽、用之不竭的原料。同时,古徽州名目繁多的风俗礼仪、时节活动,也有力地促进了徽菜的形成和发展。

安徽菜系由皖南、沿江、淮北三大风味组成。皖南风味以古徽州地方菜肴为代表,主要特点是喜用火腿佐味,以冰糖提鲜,善于保持原汁原味,口感以咸鲜香

六 饮食文化

为主。沿江风味善用糖调味,常用味型有咸鲜微甜、浓甜微咸、糖醋味、椒盐味、咸香味、咸鲜酸甜、辣味酸甜等复合味型。淮北风味以咸鲜辣为主,多用芫荽、辣椒、生姜、八角等调味,常见味型有五香咸鲜、辣味咸鲜、椒盐辣味、鲜辣味、葱香味等。代表名菜有无为熏鸡、屯溪腌鲜鳜鱼、八公山豆腐、软炸石鸡、黄山炖鸽、酥鲫鱼、金雀舌、葡萄鱼、椿芽拌鸡丝、红烧划水等。

中华饮食文化博大精深,源远流长,在世界上享有很高的声誉,正如孙中山先生在其《建国方略》一书中所说:"我中国近代文明进化,事事皆落人之后,惟饮食一道之进步,至今尚为文明各国所不及。"如今,在中西方饮食文化不断交流和碰撞的过程中,我们的饮食文化必将出现新的时代特征和更为深刻的社会意义。